ALINE FEUVRIER-BOULANGER

Aline Feuvrier-Boulanger a reçu une greffe cardiaque en février 2006, à 18 ans, et a retrouvé depuis une vie normale. Elle témoigne sa reconnaissance à l'inconnu qui lui a donné son cœur dans *Mon cœur qui bat n'est pas le mien* (Oh ! Éditions, 2007).

MON CŒUR QUI BAT N'EST PAS LE MIEN

ALINE FEUVRIER-BOULANGER

MON CŒUR QUI BAT N'EST PAS LE MIEN

Avec la collaboration de Marie-Thérèse Cuny

Document

Oh ! Éditions

Le papier de cet ouvrage est composé de fibres naturelles, renouvelables, recyclables et fabriquées à partir de bois provenant de forêts plantées et cultivées durablement pour la fabrication du papier.

ISBN : 978-2-266-17802-0

Dehors, le ciel était d'un bleu tranquille. Autour de moi, tout était clair et lumineux.

Quelqu'un m'a dit en souriant : « Bonjour, Aline. »

Un grand jeune homme brun aux yeux bleus, vêtu de bleu, se penchait sur moi avec gentillesse.

Je me sentais légère. Libérée. Je savais où je me trouvais, mais quelle pouvait bien être la date ? Sortais-je de l'enfer ? Avais-je rejoint le paradis ?

Une bande de magiciens venait de me mettre au monde.

J'ai fait le tour de cette pièce lumineuse en cherchant des yeux la preuve de la réalité. Elle était là, sur un écran : le film de ma vie venait de recommencer. Je pouvais respirer, sourire et parler sans effort.

« J'ai soif… »

J'avais vingt ans, et soif de tout.

De vivre, d'aimer, de courir comme jamais je n'avais pu le faire. Mon corps tout entier, léger comme une plume, attendait ce bonheur depuis si longtemps…

Je venais de renaître à la vie, le cœur battant de désirs, ce 23 février de l'année 2006 dans l'après-midi. Le miracle de mes vingt ans.

Voilà pourquoi mon cœur a quelque chose à vous dire. Écoutez-le, entendez-le, aimez-le comme je l'aime !

Car c'est peut-être à vous que je dois ce cadeau inestimable, cette vie qui bat de nouveau dans mes veines…

Mon cœur a quelque chose à vous dire

Janvier 2006. Minuit. J'ai réussi à fermer les yeux pendant trente-neuf minutes. Loin d'être reposants, ces instants ont été angoissants. J'ai rêvé de personnes disparues. J'ai vu mon père, mon grand-père paternel. Ces rêves macabres m'obsèdent. Ils reviennent dès que je ferme les yeux et me terrifient. J'ai l'impression de devenir folle. Pas question d'en parler aux autres, cela ne ferait que déclencher une angoisse supplémentaire et je n'ai pas besoin de ça. Ma feuille et mon stylo, eux, au moins, me permettent de juguler ces cauchemars en les écrivant noir sur blanc.

Je fouille maintenant au milieu du bazar sans nom – expression de ma mère pour qualifier le désordre qui règne souvent dans mes affaires – de ma commode rouge, je retourne des poignées de bijoux fantaisie pour trouver enfin un crucifix et trois chapelets. Je les accroche aux murs. Ils m'apaisent. J'ai peur dans ma chambre.

00 h 12 : le réveil est mon pire ennemi. Ses chiffres rouges me défient dans l'obscurité, comme pour me rappeler que le temps qui passe est mon ennemi. Je les fixe. Je sais exactement à quel moment le 2 va se

changer en 3. Les secondes me semblent aussi lentes que des heures, alors je regarde le plafond, ou encore je détaille les photos de famille, celles des amis placardées aux murs, celles de toutes les personnes qui m'entourent et sont toujours présentes, quoi qu'il puisse arriver. Réfléchis, Aline, accorde-toi une pause. Pourquoi tes nuits sont-elles devenues si éprouvantes, toi qui prenais tant de plaisir à dormir ? Je ne ressens aucune douleur, de celles que l'on qualifie de classiques, comme les maux de tête, de ventre, de gorge… Rien. Le silence de mon corps harassé de fatigue est inquiétant. Quelque chose me guette, un ennemi invisible.

00 h 14 : ce fichu réveil me nargue toujours. Contrôle-toi, Aline. Rassure-toi. Même le médecin de famille parle de stress, de fatigue, de trac au moment de passer le bac blanc. Il faut que tu l'obtiennes, ce bac littéraire. À dix-neuf ans, l'an dernier, tu as échoué parce que tu étais déjà trop fatiguée. Interdit de rater, pas le moindre faux pas ne t'est permis, car l'année de tes vingt ans se profile. Il est temps que ta vie prenne un tournant positif.

Dors, Aline, ferme les yeux.

00 h 30. Les nerfs à vif, je craque et prie Dieu encore et encore. Il est mon seul recours face au désespoir qui m'envahit chaque jour un peu plus, telle une marée sournoise. Lui, là-haut, peut m'entendre et me guider. « Aide-moi ! Ne me laisse pas ! Je n'ai rien fait pour mériter ça. Je ne demande qu'une chose : un peu de repos, et que le jour se lève. Ne m'abandonne pas avec cette peur du noir. » Pourquoi ai-je si peur de fermer les yeux ? Pourquoi je lutte encore, alors que je suis exténuée et sans forces ?

1 h 03. À la mort de mon père, j'avais trois ans. À celle de mon grand-père, quatre. Ils ont fermé les yeux sur leurs deux cœurs malades. Pourquoi penser à eux maintenant, en faisant de tels cauchemars, alors que leur souvenir était tendrement irréel jusque-là ? Je ne visualise pas leurs visages, mais ils m'accompagnent sans relâche. Me regardent-ils ? Me guettent-ils ? Est-ce parce que je ressemble à mon père ?

Arrête de cogiter, Mine. Laisse le passé où il est.

Il me faut surtout ne rien dire à ma mère ni à mon beau-père. Ils me protègent depuis l'enfance et je ne veux pas les inquiéter. De toute façon, j'ai horreur de me plaindre.

Il y a pourtant cette fameuse échographie que j'ai passée quand j'avais treize ans. Ces pilules que j'avale depuis quotidiennement. Rien d'inquiétant selon les spécialistes. Juste un cœur un peu gros à surveiller, échographie après échographie, et qui me vaut ces longues journées à l'hôpital tous les six mois.

Je refuse d'être malade. Je suis simplement fatiguée et stressée. Depuis quelque temps, j'ai beaucoup de mal à suivre le rythme des copines du lycée... Comme dit mon beau-père : « Ça t'apprendra à sortir le nombril à l'air, tu as dû prendre froid ! »

J'ai froid, en effet. Nous sommes en hiver et Noël approche aussi vite que l'épreuve du bac blanc.

1 h 30. Les heures de la nuit scandées par ces vagues d'angoisse s'éternisent. Mon copain a peut-être raison, d'être assise toute la journée en classe, ça ne peut pas fatiguer... C'est du « chiqué », dit-il...

Il avait tort. Mon cœur avait bien quelque chose à me dire. Mais je ne voulais pas encore l'entendre.

Le cœur sabot

Depuis fin décembre, il ne se passe pas une nuit sans que je fasse des cauchemars. Je ne dors plus.

Après les fêtes, j'étais déjà un peu fatiguée. La famille autour de moi l'a remarqué, sans s'inquiéter outre mesure. À leurs yeux comme aux miens – et à ceux du médecin de famille –, le stress du bac blanc justifie cette étrange fatigue qui me prend dès que je pose un pied hors du lit le matin. Je marche difficilement et ma tension est basse – un petit huit en guise de maxima. Cet épuisement permanent me perturbe un peu, mais j'ai travaillé mon bac, et le médecin a achevé de me convaincre que ce n'était rien de grave. Comme d'habitude, il a écouté mon cœur et n'a rien entendu de spécial.

À six ans, pour ma première échographie cardiaque, on ne m'a pas expliqué grand-chose. J'ignore encore le péril qui plane sur ma lignée paternelle : mon père et mon grand-père ont disparu tous les deux de la même maladie rare, celle du « gros cœur » ou « cœur sabot ». Un cœur qui grossit d'un seul côté, rappelant la forme d'un sabot de bois.

Mon père est mort à vingt-neuf ans et son propre père un an plus tard, jour pour jour, à plus de cinquante-sept ans. À l'époque de ce double décès, personne ne sait encore qu'ils sont porteurs d'un gène spécifique responsable d'une dégénérescence du cœur, une attaque irréversible qui aboutit à sa destruction. Mon arrière-grand-mère, nous l'avons su plus tard, en a été victime également, mais à l'âge de soixante-quinze ans, ce qui pour son temps était un âge de décès « normal ».

À cause du jeune âge de mon père au moment où il a été touché, ma mère vit dans l'inquiétude depuis ma petite enfance. Mon beau-père est à l'unisson, mais ils font tout pour que je grandisse loin de leurs angoisses. Car ce gène diabolique peut ne jamais se manifester, tout comme il est capable de dormir longtemps, attendant son heure pour frapper. Le corps médical ne l'a encore ni isolé ni compris. La recherche génétique en est à ses débuts et on baptise alors ce symptôme de « maladie familiale rare », de « cœur sabot », de « gros cœur » ou de « myocardie d'origine familiale ». On ne sait pas faire grand-chose à part administrer quelques médicaments.

Lorsque j'ai six ans, maman ne me dit rien de précis – on n'affole pas une enfant de cet âge. « Nous allons chez le docteur faire des contrôles. » Je ne me souviens que de cette phrase, qui coïncide avec l'arrivée de mon beau-père dans ma vie.

Un jour, ma mère m'a présenté un « ami » et, le soir même, je faisais un caprice pour qu'il reste à la maison avec nous, en affirmant que je le voulais comme papa ! Dès le lendemain, il a emménagé. Je voulais un papa, je l'ai eu, je voulais aussi un petit frère et je l'ai eu. Ce sentiment, peut-être prétentieux, d'obtenir ce que je veux dans la vie m'a longtemps accompagnée.

En apprenant les antécédents familiaux, surtout la mort prématurée de mon père dans des souffrances terribles, mon nouveau papa a dit : « Il faut s'occuper d'Aline. Il s'est passé quelque chose avec son père que nous ignorons. »

Il a donc interrogé ma grand-mère paternelle, se livrant à une véritable enquête pour comprendre ce qui planait au-dessus de ma tête. Mon père était employé dans une grande surface où il était responsable d'un rayon, jusqu'au jour – en 1989 – où, d'un seul coup, la maladie s'est déclenchée. Il a été pris d'une immense fatigue, d'essoufflements qui ne cessaient pas. Un contrôle cardiaque a suffi pour qu'il soit hospitalisé. Après avoir essayé un certain nombre de traitements médicamenteux, sans aucun résultat, ma mère s'est dit qu'ils utilisaient son mari comme cobaye et a voulu le faire transférer à Paris. Le corps médical a cependant pris la décision de le faire transférer dans un autre hôpital, plus grand, plus sûr, mais en Lorraine, parce qu'un plus long trajet pourrait être fatal. C'était malheureusement trop tard. La pose d'un cœur artificiel, dans des conditions extrêmes, ne l'a pas sauvé. Je sais à présent qu'il aurait pu l'être si, lors de sa première hospitalisation, les médecins ne s'étaient pas obstinés à repousser la décision d'une greffe dans l'urgence pour expérimenter des médicaments sur lui. Mon père a finalement été transplanté, mais trop tard : ses autres organes vitaux étaient à bout. Il était sur son lit, la poitrine ouverte avec ce cœur artificiel qui ne pouvait plus rien pour lui tant son organisme s'était usé à combattre l'ennemi inconnu. Il s'en est allé après quatre mois de souffrances. J'avais trois ans.

Enfant, j'ai ignoré presque tout des circonstances de sa mort. Il a eu une maladie cardiaque, point. Maman m'a protégée longtemps avant de m'expliquer toute cette souffrance, et la colère qu'elle a ressentie contre ce mandarinat de petite province. Je n'ai pas de souvenirs, même flous, de lui. Seules les photographies me disent que je lui ressemble. J'ai eu la chance de vivre ma petite enfance avec un bonheur et un équilibre affectif complets. Je savais que j'avais eu un père, comme tout le monde, qu'il avait fait partie de ma vie avant que son heure ne vienne, trop tôt. C'était ainsi : je n'avais plus de papa, j'avais une maman. C'était ma réponse à l'école, jusqu'à l'arrivée du nouveau papa, adopté avec enthousiasme, et plus tard du petit frère tant désiré.

Mes souvenirs commencent là, avec mon beau-père qui me tient par la main et m'emmène chez le cardiologue pour ma toute première échographie cardiaque, à six ans. Il n'y a rien. Rien ! Mon petit cœur est tranquille. À sept ans, huit ans, rien. Neuf ans, dix ans, toujours rien. Je suis une habituée des échographies annuelles dont le résultat est toujours : « Rien. » Je suis une enfant plutôt calme, passive, qui parle peu, bouge rarement. Je dessine, j'écris, je joue avec mon petit frère. En grandissant, j'ai changé. À mon entrée au collège, comme toutes les adolescentes, je me suis mise à parler davantage, à échanger des fous rires et des confidences, surtout avec ma meilleure copine.

Je ne fais pas beaucoup d'efforts pour apprendre, au grand dam de ma mère qui « travaillait davantage quand elle avait le même âge ». Il me suffit de réviser un peu avant de dormir pour assimiler mes cours.

Soudain, à treize ans, alors que les échographies, année après année, bercent la famille de tranquillité, je m'essouffle.

C'est un jour précis, je m'en souviens. Je gravis une petite colline pour aller retrouver mes chevaux que je monte régulièrement. Ils sont le cadeau de mes dix ans. Ils sont parqués à l'écart de la maison, dans un pré au bout d'un sentier que je n'ai jamais eu de mal à emprunter. Devant moi, mon petit frère galope comme d'habitude. Pour une fois, je suis à la traîne, j'ai du mal à respirer, je cherche de l'air, et je ne comprends pas ce qui m'arrive. Mais je continue. Qualité ou défaut, je suis obstinée et déteste me faire plaindre. Alors, même si j'ai d'énormes difficultés à avancer, je marche, têtue, en haletant, persuadée que cet étouffement bizarre va passer. À aucun moment je ne pense à mon cœur. J'ai toujours occulté le passé – la mort de mon père, les examens cardiaques –, je ne veux pas savoir. Pas question d'être malade, je n'y pense même pas.

Sauf que…

Il y a eu ce vaccin trois jours avant. Le médecin avait toujours dit : « Surtout, pas de vaccin. » Mais à l'école, c'était une obligation. Ma mère a cédé à la pression et n'a pas cessé de s'en vouloir. Résultat, mon petit frère et moi avons été pris d'une poussée de fièvre qui nous a laissés plusieurs jours allongés. Lui s'est rétabli sans problème, mais pas moi. Avant ça, je courais normalement, je grimpais cette petite côte sans effort, et me voilà à la traîne, à la limite de l'étouffement.

« Alors, Aline, qu'est-ce que tu fais ?

— Je ne peux pas, je n'en peux plus. »

En m'entendant souffler bizarrement, mon beau-père a très peur. Immédiatement, direction le cardiologue !

Conciliabule entre le médecin et mon beau-père après échographie : cette fois, je dois comprendre que les problèmes commencent. Le cœur a grossi. Ce fichu cœur sabot s'installe en moi. J'ai dû passer une heure ou deux sur la table d'examen, le temps pour le médecin de mesurer mon cœur en long et en large. Je commence à me dire : « Ce n'est pas normal, ça dure trop longtemps. J'en ai assez. Laissez-moi partir. »

Je n'aime pas entendre les battements de mon cœur ainsi, on dirait une sorte de bruit de synthèse amplifié par cette machine. Je me bouche les oreilles. Finalement, je proteste : « C'est trop fort ! Il y en a pour longtemps ?

— Mais non, il ne bat pas si fort que ça, ne t'inquiète pas. »

L'examen terminé, le médecin, qui d'habitude conclut la séance par un sourire et un « OK, c'est bon ! », ne dit rien. Bizarre.

Il prend mon beau-père à part pendant que je renfile mes vêtements dans la salle d'examen. Enfin, il s'adresse à moi :

« Aline, ton cœur a un peu grossi, alors on va te diriger sur un hôpital parisien, à la demande de ta maman. On te surveillera là-bas, probablement tous les six mois. En attendant, tu vas prendre un médicament. »

Le malaise dans le sentier est derrière moi maintenant. Je me sens bien physiquement, rien ne me gêne, alors je ne comprends pas. Cette idée d'hôpital à Paris m'embête, tout simplement. Si l'on m'avait dit : « Tu as la même maladie que ton père, c'est grave… », alors peut-être aurais-je mieux intégré l'information. Mais, bien entendu, il était hors de question de me faire peur. D'abord, rien n'était sûr, je pouvais vivre longtemps le « cœur gros ». Mais même si l'on m'avait fait peur, j'aurais rangé le tout dans un coin de ma tête, comme d'habitude, et refermé la porte de la petite case. À treize ans, on ne pense qu'à vivre, courir, danser, rire – même si les fous rires me fatiguent depuis quelque temps… À treize ans, l'idée même de la mort est bien loin.

L'hôpital, je n'ai jamais aimé ça. L'idée de m'y rendre tous les six mois ne m'enchante pas vraiment. Que vont-ils me faire ? Et à Paris en plus ! C'est loin, compliqué. Finalement, avec une certaine sagesse – à moins que ce ne soit de l'insouciance –, je me dis : « On verra bien quand je serai là-bas. »

Et j'oublie aussitôt. Même si je pense parfois au fait que mon père est mort jeune, à vingt-neuf ans, je me dis aussitôt que je n'en ai que treize, et qu'alors j'ai du temps devant moi.

D'accord, je dois éviter de courir, ne pas faire de sport violent. D'accord, je vais à Paris tous les six mois faire examiner mon gros cœur. Pour le reste, je suis normale. Je n'en parle à personne. Pas d'angoisse particulière, juste un petit handicap, qui ne se révèle au collège ou au lycée qu'exceptionnellement. À cause d'un vaccin, une nouvelle fois… Un jour, une infirmière me court littéralement derrière pour me piquer. Je lui échappe et j'appelle ma mère au secours, qui appelle le cardiologue, qui appelle le proviseur… et enfin on me laisse tranquille. Une autre fois, on me menace d'un zéro en gym parce que je ne peux pas courir, on me traite de feignante. Finalement, grâce à un certificat médical, je me contente de regarder courir les autres. C'est d'autant plus intriguant, cette dispense spéciale pour la course, que je peux jouer au basket et même au foot – et même si ça m'étouffe, je n'en dis rien à personne… J'adore le basket ! Mais je ne pourrai jamais rejoindre le club que je visais, les efforts demandés seraient au-dessus de mes forces. Masquer mon malaise dans certains sports, c'est aussi me prouver que je suis comme les copines. « Même pas malade… » Je n'étouffe très gravement que dans les efforts d'endurance, donc à la course.

Finalement, rien n'est visible de cette maladie insidieuse, et ça m'arrange. D'autant plus que j'évite résolument d'en parler, sauf à ma meilleure amie, seule exception. Aux autres qui posent des questions, je réponds simplement en souriant : « C'est rien, un petit truc au cœur, ça va guérir, pas grave, je dois seulement me reposer. »

Je suis toujours souriante. Même quand rien ne va, mes proches l'ignorent. Je ne me plains pas. J'arrive à me convaincre que ça passera, même si ce n'est pas vrai. Je dois tenir cette obstination de ma mère, sinon de ma grand-mère paternelle. Elle a souffert en perdant un fils trop jeune, tout juste père de famille, et elle a du mal comme moi à exprimer ses sentiments, à dire « je t'aime » comme à dire qu'elle a mal ou peur.

Je me rends compte à présent que j'ai protégé ma mère par ce silence, comme je me protégeais de l'angoisse qu'une telle annonce aurait suscitée chez elle. Sourire, mener la vie de tout le monde. Refuser qu'on s'inquiète pour moi – je pense qu'il y a pire ailleurs de toute façon. Et je ne supporterais pas qu'on me traite en malade, qu'on me plaigne : « Ma pauvre Aline, ne fais pas ça, tu vas te faire du mal... » Ce qui ne veut pas dire que je supporterais ceux qui prennent ma maladie à la légère.

C'est ma carapace, ma façon de me protéger. Mon caractère entier. Mon orgueil...

Et j'ai eu raison de ne rien dire pendant six ans, jusqu'à mes dix-neuf ans révolus, car il ne s'est rien passé d'autre dans ma vie que des pilules à prendre régulièrement et un voyage à Paris tous les six mois pour l'électrocardiogramme, conclu par l'invariable bulletin : « Ça va. »

Le dernier en date disait encore « ça va » en juin 2005.

Mais c'est moi qui vais mal depuis quelques jours, alors que les fêtes de fin d'année approchent. Je ne dis toujours rien, je serre les dents sur cette immense fatigue. La nuit, l'angoisse monte par bouffées, avec cette étrange peur de fermer les yeux. Le matin, à la seule idée de devoir me lever, m'habiller, et surtout marcher jusqu'au lycée, je suis épuisée. Marcher devient très difficile, le moindre escalier ou une petite montée sont un problème. J'utilise toutes sortes de subterfuges pour que personne ne s'en aperçoive. Comme si le fait de contourner l'obstacle, d'emprunter un terrain plat, de faire le tour d'un bâtiment, suffisait à me conforter dans l'idée que rien n'est grave. J'adopte l'idée du stress lié au bac blanc comme paravent. Pendant les fêtes de Noël, je souris, je tiens bon, persuadée que le prochain contrôle à Paris, en février, se soldera par une nouvelle petite pilule à prendre et que je pourrai continuer à vivre comme les autres. Sortir comme mes copines, et aller en boîte !

« Allez, viens avec nous, Aline ! Tu es majeure ! Tu as le droit d'aller danser.

— Mes parents ne voudront jamais. »

Je mettais cette interdiction sur le compte de l'éducation que je recevais. Je me trompais. Un jour, j'ai enfreint la loi. J'ai raconté que j'allais dormir chez une copine, et nous sommes allées dans une boîte des environs. Grave erreur. Si j'avais eu un malaise, mes parents auraient ignoré où j'étais, et rétrospectivement je m'en veux d'avoir pris ce risque. Mais j'étais si heureuse ce soir-là, avant d'avoir des remords le lendemain. Heureuse mais assise plutôt que debout sur la piste. J'ai dû faire deux ou trois petits tours, sans plus. L'atmosphère était enfumée, il faisait chaud, j'étais épuisée. Je suis sortie respirer à un moment donné, au bord de l'asphyxie. Il m'a fallu une bonne dizaine de minutes, voire un quart d'heure, pour récupérer un peu d'oxygène et repartir dans la fête. Ensuite, j'ai fini la soirée assise à regarder les autres.

À mon retour le lendemain à la maison, mes vêtements sentaient le tabac. Je n'avais pensé ni à les aérer ni à me changer, et encore moins à les inonder de parfum ! L'odeur et les cernes noirs sous mes yeux m'ont dénoncée, d'ailleurs je ne sais pas mentir. Je n'ai plus recommencé.

Il m'était difficile à cette époque de comprendre pourquoi on m'interdisait certaines choses, alors que paradoxalement mes parents ne me traitaient jamais en malade. Ils me voulaient comme les autres, heureuse, insouciante. N'avais-je pas le droit de danser, alors ? Avec ma tête, oui, mais pas avec mon cœur, et surtout pas en boîte. Je me suis résignée provisoirement, en me disant comme toujours : « On verra plus tard... »

La seule fois où j'ai pleuré chez le médecin, à l'âge de quatorze ou quinze ans, c'était à cause de la fin d'un rêve de gosse. À la question classique : « Qu'est-ce que tu veux faire plus tard ? », j'ai annoncé fièrement mon ambition : je voulais devenir commissaire de police ! Enfant, j'adorais regarder Batman, il sauvait des tas de gens et je trouvais génial de secourir les autres. J'étais alors un peu garçon manqué et, pour adapter Batman à la réalité, je songeais très sérieusement à passer le concours de la police et à devenir commissaire.

« Aline, il y aura peut-être un problème...

— Pourquoi ? J'en rêve depuis toujours. Depuis que je suis toute petite.

— On ne prendra pas le risque d'engager quelqu'un comme toi.

— Mais pourquoi ? Je suis comme tout le monde !

— Oui, sauf que tu dois être suivie toute ta vie, et dans la police on ne peut pas courir le risque que tu fasses un malaise en cas de coup dur. Il y a des règlements intérieurs, on te fera forcément passer un examen médical. Ce qui serait bête, vois-tu, c'est que tu passes les premiers tests, réussisses le concours et qu'au final, après l'examen médical, on te refuse.

— Vous êtes sûrs ? Je peux très bien supporter ce métier. J'ai de la volonté, je serai excellente, j'en suis persuadée !

— Ce n'est pas une question de volonté. Tu dois comprendre dès maintenant la différence entre la réalité et le rêve. Et la réalité, c'est ta maladie. »

Je me suis effondrée en pleurant. C'était la première fois que je me considérais comme « malade ». Mon rêve était fichu, je ne pourrais jamais devenir commissaire de police, me battre pour la loi et la justice. J'ai ressenti un vrai désespoir, car c'était réellement une vocation. Il y a des filles qui rêvent de devenir danseuses ou fleuristes ou journalistes, moi je me voyais derrière un bureau, après des études de droit, dirigeant une équipe de policiers faisant régner la loi. Je n'ai pas perdu de vue ce rêve, d'ailleurs, je l'ai simplement adapté, plus tard, en choisissant de me diriger vers le métier de juge pour enfants.

Et en me disant, comme toujours : « On verra. »

D'abord, le bac. Si j'arrive à marcher jusque-là sans étouffer. Si je peux monter un fichu escalier. Si mes cauchemars me laissent en paix. Si le réveil cesse de me narguer de ses yeux rouges en égrenant les secondes et les minutes de chaque nuit jusqu'à l'aube.

« Ça va, Aline ?

— Ça va, maman. »

Je ne lui raconte pas mes nuits afin de ménager son angoisse. Et elle n'insiste pas pour la même raison. En outre, il m'est impossible de lui parler des visions de mes cauchemars à propos de mon père décédé. Je ne veux pas la blesser, pas plus que mon beau-père. Ma mère connaît malheureusement les étapes de la maladie, elle les a vues se produire chez mon père. Pour elle, l'histoire recommence, et je suppose qu'elle doit sans arrêt contrôler sa peur à mon sujet.

Ce silence entre nous, cette façon de parler d'autre chose, de sourire, de dire des bêtises, sans jamais faire de commentaires directs, me donne la force dont j'ai besoin pour tenir. Je veux être maîtresse de ce corps qui me lâche, je refuse l'échec. Je refuse de me plaindre. Je ne peux parler qu'à Dieu et à mon chat. Lorsque la nuit le cauchemar revient et que je me réveille angoissée, j'allume la lumière, je prends cette petite boule de poils contre moi, et c'est à lui que je raconte tout, en pleurant un bon coup :

« J'ai rêvé de papa Philippe. Il m'a dit que j'étais grande maintenant et que je devais aller de l'avant, ne plus penser au passé, et grandir. Je dois grandir… Je ne comprends pas. Et toi ? » Mon chat ronronne et m'apaise, m'aidant à retrouver le sommeil pour quelques heures.

Mais ces derniers jours de décembre, sa présence n'est plus suffisante. J'en appelle à Dieu. « Dis-moi, mon Dieu, pourquoi je n'ai pas pu connaître mon père, et mon grand-père ? Pourquoi les gens ne se rendent pas compte que je ne vais pas bien ? » C'est mon paradoxe : je souris tout le temps, de manière à ce que personne ne voie que je vais mal. Mais je souffre aussi de ma solitude face à ces angoisses, de ces questions qui tournent dans ma tête. C'est comme ça. « Arrête de plonger dans le passé, Aline. Crois en Dieu, crois en toi. Si tu crois très fort, même dans les pires moments, Dieu t'aidera en retour », voilà ce que je me répète comme une litanie pour retrouver le sommeil. J'ai besoin de m'accrocher à quelqu'un ou quelque chose. Une croix autour du cou, c'est ma bouée personnelle.

Pendant plus d'un mois, je vais vivre un véritable calvaire dont je suis en partie responsable. Il m'aurait suffi de dire : « Au secours, emmenez-moi à l'hôpital à Paris, je ne peux plus respirer ni faire un pas. » Au diable le bac blanc et mon obstination à me taire ! J'aurais dû jeter l'éponge.

Je ne l'ai pas fait. Avec le recul, il me semble que je voulais inconsciemment aller jusqu'au bout de mes possibilités, pour savoir jusqu'où je pouvais tenir. Pour me persuader de la réalité de ma maladie. Quitte à en mourir.

Le calvaire silencieux

20 décembre 2005.

Je commence à avoir froid en permanence.

La fatigue et le froid vont de pair. Un matin, je me lève pour aller au lycée, m'habille chaudement, descends à pied jusqu'à l'arrêt de bus. Tout est gelé, ça glisse. Je tremble. Des tremblements intenses. Comme si j'étais une naufragée du *Titanic* perdue dans l'eau glacée – c'est l'image qui me vient à l'esprit en avançant prudemment jusqu'à l'arrêt du bus. Je grelotte de tout mon corps, des pieds aux cheveux, alors que je suis bien couverte – une doudoune, des bottes, de grosses chaussettes…

Jamais je n'ai eu aussi froid. En me levant, j'ai seulement ressenti une grosse fatigue, avec l'impression de ne pas avoir dormi du tout.

Sur le coup, je ne comprends pas vraiment. Je pense que c'est l'hiver qui m'use. J'ai encore de la force, mais moins qu'avant, et surtout envie de ne rien faire. Pas envie de faire un pas, de prendre ce bus, d'être secouée pendant un quart d'heure, d'en descendre, de monter la côte qui mène au lycée, puis de gravir les trois étages pour le cours d'anglais. Je peux enfin m'asseoir, mais je dois me relever une heure après… C'est l'Himalaya. C'est trop difficile, je voudrais dormir. Mais j'ai peur de louper mon année scolaire, je veux y aller absolument. Et je me lance dans le jeu des suppositions qui me rassurent. J'ai dû attraper un rhume, la grippe ou je ne sais quoi. Mon corps m'alerte, me lance des signaux que je ne comprends pas, ou ne veux pas comprendre. Je trouve toujours une autre explication sensée.

Je prends mon bus. Je ferai ma journée de cours.

Je marche au ralenti. C'est long, mais supportable. Je suis enfin au chaud, et assise. Je tiens le coup, toujours en tremblant. Je suis contente d'être dans la salle de cours, je n'ai plus envie d'en sortir. À la récréation, je reste à l'intérieur. Mes copines sortent pour chercher à goûter à la boulangerie, comme tous les jours, mais je refuse de les accompagner. Elles ne comprennent pas.

« Non, je vous attends là, pas faim, je reste au chaud. »

Au fil des jours, la fatigue se fait plus pesante. Je commence à m'inquiéter. Je passe Noël difficilement. Le repas est très copieux, j'ai du mal à digérer. La famille remarque que je suis crevée. Je dis que c'est l'hiver, que j'ai pris froid, et on passe à autre chose. Mais ma mère s'inquiète, je le vois, je le sens, bien qu'elle ne montre rien. Mais comme elle s'inquiète au moindre rhume, et me rassure en permanence, je peux continuer à me persuader que ce n'est pas grave. De son côté, elle espère, à ce moment-là, que ce n'est pas « ça ». Elle s'en doute, mais elle espère.

Le jour de Noël se passe. La soirée du nouvel an est un peu chaotique. Je réveillonne chez un copain.

Il y a du monde chez lui mais, n'ayant envie ni de rigoler ni de danser, je reste assise dans un coin en n'attendant qu'une chose : qu'il soit enfin l'heure de rentrer me coucher.

Je n'ai plus du tout de forces, et c'est à partir de cette soirée de réveillon que je commence vraiment à en baver. Mon estomac ne supporte plus rien. Dès que j'avale quelque chose, il le renvoie. Pourtant, j'ai faim. Mais le dernier repas normal que j'ai avalé n'est pas passé. J'ai l'impression d'avoir une énorme indigestion.

Depuis l'enfance, j'ai régulièrement des indigestions et des migraines terribles allant jusqu'à la nausée. J'ai subi des examens neurologiques qui n'ont rien révélé de particulier. Nous sommes « migraineux » dans la famille. Alors je me dis que j'ai une indigestion, une de plus.

Comme d'habitude, je reste un jour à jeun, en buvant de l'eau pour que ça passe. Le lendemain, mon estomac va un peu mieux, mais je suis encore plus fatiguée puisque je n'ai rien avalé. Je me réalimente donc avec précaution : une compote et encore de l'eau. La compote passe. Encouragée, je tente un repas plus consistant. Environ vingt minutes après, la migraine recommence, très violente. Ça cogne dans mes tempes, j'ai l'impression qu'on me tape sur la tête. Une à deux heures après, la nausée se déclenche : une insupportable envie de vomir qui me terrasse durant plusieurs heures. Ce n'est pas normal, mais là aussi je trouve une explication : j'ai beaucoup mangé pendant les fêtes, les gâteaux, les entrées… Ma mamie cuisine merveilleusement, ma tante aussi. Je suis livide, exténuée, j'ai peur de remanger, peur de revomir. Je suis tellement mal que je ne parle plus à personne les jours qui suivent. J'ai besoin de m'isoler. Lorsque maman m'appelle à table, j'avale quelque chose, me lève très vite pour aller m'allonger sur le canapé et attendre la nausée. Maman est impuissante. Ce cycle infernal ne me lâche pas, et finalement je ne mange plus.

Je tiens le coup jusqu'au moment où les nuits blanches se succèdent. Je me décide enfin à voir le médecin : huit de tension pour le maxima, un peu de faiblesse mais rien d'inquiétant à l'auscultation du cœur. Conclusion : stress du bac, froid de l'hiver, fatigue de fin de trimestre, nervosité. Je ressors avec un léger médicament relaxant. J'avale la pilule supposée me détendre et soupire enfin en me disant que ça va passer, que je vais forcément dormir. Mais rien ne passe. La faim me tenaille le jour, je me nourris comme un oiseau, et la nuit, dans mon lit, mes yeux se ferment de fatigue, mais je refuse de laisser mes paupières se clore. Je lutte. Si je m'endors, le cauchemar recommence. Je m'oblige à garder les yeux ouverts, en me répétant : « Non, ne t'endors pas, ne ferme pas les yeux, regarde la télévision. » Mais la fatigue gagne du terrain et finalement j'éteins le poste. Et là, renversement de situation : j'essaie vraiment de dormir, de me concentrer pour trouver le sommeil, mais malgré moi je me focalise sur les chiffres de mon réveil, rouges comme une alerte permanente. Je me tourne et me retourne dans le lit avec toujours les mêmes questions qui défilent : que m'arrive-t-il ? Mal à la tête ? Non. Mal au ventre ? Non. Douleurs physiques ? Non. Pourquoi ne puis-je pas fermer les yeux ? J'angoisse. Il faut essayer quelque chose. Je vais laisser une petite lampe allumée, pour faire comme si le noir n'existait pas. Je me réveille dix minutes plus tard, en sursaut. J'en ai assez. Je me lève, et tourne en rond dans la maison. J'essaie encore de manger, pour calmer cet estomac qui gargouille, et immédiatement je sens que ça ne passera pas. Il réclame et refuse ! Alors je n'insiste pas, je bois encore et encore de l'eau pour masquer la faim. Et je remonte me coucher.

Dès le premier soir de ce mal-être mystérieux, j'ai accroché aux murs de ma chambre tous les symboles religieux que je possède. Trois chapelets, un sur chaque mur, un crucifix à côté de mon lit, et je garde une croix dans la main, pour prier. Maman appelle cela mes « grigris ».

Je suis croyante comme ma grand-mère, j'ai confiance en Dieu. C'est un moyen de me rassurer. Je me dis qu'Il est là, qu'Il me surveille. S'Il veut que je parte, je partirai ; s'Il veut que je reste, je resterai. Je serre très fort la croix dans ma main et je passe ainsi mes nuits à prier. Les heures défilent très lentement. Parfois, je me mets à compter les lattes de bois au plafond mansardé. J'en compte cent. Me voilà bien avancée. Qu'est-ce que je fais maintenant ? Observer les photos, celles de la famille et des amis. Prier. Compter les lattes du plafond. Détailler encore toutes les photos... Voilà le cycle infernal de mes nuits. J'ai peur. Peur de la nuit, du noir, de fermer les yeux... Pourtant, à aucun moment je ne me dis clairement : « Aline, tu as peur de mourir. » Même si j'évoque l'idée dans mes prières, je m'en rapporte à Dieu en lui disant que je « partirai » s'Il le veut... Mais en ajoutant : « S'Il te plaît, j'ai envie de rester. »

Et me revoilà sur le canapé, rouge lui aussi, de la salle à manger. Je m'y allonge avec mes peluches et ma croix pour attendre le matin. Avec des yeux brûlants de fatigue, je fais le tour des murs et regarde par la fenêtre, guettant la première lueur du jour. Et mon cerveau est envahi par une phrase qui résonne comme une litanie : « J'en ai marre. » Tellement marre que j'ai envie de pleurer, de lassitude, de désespoir. Le jour finira bien par arriver, mais pour m'offrir quoi ? Le lycée. J'aime aller au lycée d'habitude, mais plus du tout aujourd'hui. Je peine pour marcher, pour monter les escaliers. Et tout le monde me demande pourquoi je suis si fatiguée. Je ne réponds pas, mais ils insistent comme si je devais leur servir une raison toute prête, toute simple. J'ai fait la fête ? J'ai la grippe ? Et moi j'ai envie de répondre : « Fichez-moi la paix ! Je veux être seule, je veux me reposer, je n'ai rien à dire. »

Mon déjeuner du matin se résume à une compote, un morceau de pain et de l'eau. Même le morceau de pain est en trop. Alors que je rêve d'avaler des yaourts, des crêpes avec du sucre, des gaufres, des pizzas, des frites, des sandwichs bien gras que je ne supporte jamais – tout et n'importe quoi, tellement la faim me tord le ventre. Au petit matin, le miroir me renvoie une image pâle à faire peur. Je ressemble à un fantôme avec des poches sous les yeux. J'emprunte le fond de teint de ma mère pour tenter de me redonner figure humaine. Une couche ne suffit pas, les cernes sombres sont toujours visibles. À la troisième couche, c'est encore pire : plus rien ne tient sur ma peau, j'ai l'air d'une vieille poupée craquelée. Je recommence, rajoute du mascara, du crayon, je m'acharne à vouloir faire illusion en me donnant un semblant de « bonne mine ». Et je sors enfin de la salle de bains, le sourire aux lèvres.

« Maman, je suis un peu fatiguée. Je peux prendre la petite 205 pour aller au lycée ? Ça m'évitera de marcher. »

Elle n'est pas dupe. Normalement, je n'ai pas le droit de me servir de la petite voiture pour les trajets réguliers (une question d'assurance), donc de la maison au lycée. Maman cède avec des recommandations. Je me doute qu'elle s'inquiète de mon état, qu'elle en parle à mon beau-père, mais lui se veut rassurant. Il refuse d'avoir peur pour moi. « Elle a pris froid », « elle s'habille mal », « ses vêtements sont trop légers », « elle a le nombril à l'air »... Il ne veut pas que maman tombe dans une crainte perpétuelle de la maladie qui me menace, et refuse de se laisser entraîner lui-même dans l'angoisse. C'est sa manière de nier l'inéluctable processus que ma mère devine. Elle l'a déjà vécu, pas lui, et l'inquiétude que provoquaient les examens tous les six mois a fini par s'émousser. Il se veut raisonnablement attentif.

« Elle va bien. Arrête, laisse-la vivre ! »

Cette journée est un enfer pour moi. Le simple claquement de la portière de la voiture me vrille la tête. De peur de m'endormir, je mets de la musique à fond. Je baisse la vitre pour avoir de l'air, tellement je me sens mal. Je roule doucement, pas rassurée, et arrive en retard. J'essaie de monter les escaliers en courant jusqu'à la salle de cours : impossible, ce n'est pas une course, c'est une succession d'étouffements. J'arrive à bafouiller un « Excusez-moi » avec un grand sourire au professeur qui ne pose pas de questions, probablement à cause de ma mine défaite. Et la journée s'étire, n'en finit pas. Je ne tiens même pas jusqu'à la fin des cours… Des points blancs devant les yeux, la migraine qui menace : je décide de rentrer avant que les nausées arrivent. Il faut que je reprenne la voiture, et ma vision se brouille, je ne vois rien à plus de deux mètres. Je panique.

Un court instant, au volant, je me demande : « Qu'est-ce que je fais ? J'appelle les parents ? » Mais non, ils vont s'affoler. Ce n'est qu'une migraine, je vais y arriver. « Mets les warnings, roule en seconde, pas plus de 30 km à l'heure, et bien à droite sur la route. »

Ce trajet d'un quart d'heure me prend largement une demi-heure, et enfin je me gare devant la maison. Jamais je n'ai été aussi malade ni aussi fatiguée. L'extraordinaire, c'est que je m'inquiète, mais sans plus. J'ai vécu jusque-là comme tout le monde, avec un minimum de précautions, et je me sens si normale qu'à aucun moment je ne fais de rapport avec mon cœur. Je ne l'imagine même pas. J'ai peur de m'endormir la nuit, je fais des cauchemars, mon estomac refuse toute nourriture, mais rien à voir avec ce cœur dont j'oublie depuis l'enfance qu'il est malade. Comme je suis d'un naturel têtu et que je veux absolument pouvoir aller au lycée et passer mon bac blanc, je retourne chez le médecin de famille.

« Ça ne va pas, je ne tiens plus debout. J'en ai assez.

— Aline, je te propose du repos.

— Non.

— Si. Tu as toujours huit de tension, et tu dis toi-même que tu ne tiens plus debout.

— Non, je veux passer mon bac blanc. Je ne veux pas louper mon trimestre.

— Si tu veux passer ton bac blanc, passe-le. Mais je t'aurai prévenue, fais attention. »

La petite Aline têtue va donc passer son bac blanc. Des épreuves de quatre heures d'affilée qui réclament une forte dose de concentration. Par moments, assommée de fatigue, je pose ma tête sur la table en luttant pour ne pas m'assoupir. Au moment de rendre ma copie, j'ai du mal à me lever, tant la tête me tourne. Cette épreuve de littérature a vraiment été difficile. D'habitude, je me sens à l'aise, j'ai toujours eu des facilités : depuis le collège, mes matières fétiches sont le français, l'histoire, les langues ; pour les maths, je renâcle. L'épreuve portait sur un texte d'un poète contemporain, *Les Planches courbes* d'Yves Bonnefoy. Une réflexion sur sa vie, et sa fin de vie. J'ai trouvé ça beau, il utilise des métaphores et prend la barque comme symbole. C'était le sujet proposé.

« Mes amis, nous sommes en mer, barque que les lames soulèvent puis laissent choir mais qui s'obstine pourtant presque debout dans les remous, courageuse ! »

Je devais faire un plan détaillé avec trois axes et inventer une problématique, une façon d'aborder ce texte. J'ai ramé, la cervelle en compote. Alors j'ai choisi la facilité : un plan linéaire, avec la barque comme symbole sur le passage de la vie à la mort, et des références à la mythologie. Au lieu de passer dix ou vingt minutes sur ce sujet que nous avions déjà travaillé en cours, j'ai mis trois quarts d'heure. Je ne sais même plus ce que j'ai écrit ni comment j'ai trouvé ça, tellement j'étais fatiguée. L'autre sujet portait sur Kafka, *Le Procès*. J'adore Kafka, donc ça a été vite. Mais comme je n'avais pas réussi à dégager de problématique sur Bonnefoy, je n'ai pas eu la moyenne – le professeur m'a donné 9. Heureusement, je me suis rattrapée sur Kafka que je connais par cœur : quel rôle symbolique Kafka donne-t-il aux femmes dans *Le Procès* ? Le rôle de prostituée, celui de femme facile, de femme objet, de femme qui détourne de l'objectif, etc. J'aime ses livres, ils me donnent à réfléchir.

Ce jour-là, les mots viennent tout seuls, mais le problème, c'est la logique. Par quoi commencer ? Que dire ? Je suis perdue, je ne sais plus comment faire un plan, comment définir un axe de réflexion... Quelle structure ? Faut-il faire des sous-parties ? Je ne me souviens plus de rien, tout se bouscule dans ma tête. Alors j'ai écrit à l'instinct. J'avais perdu toute logique, j'étais fatiguée, je voulais rentrer. Je me disais que j'avais fait tout ce que je pouvais, le maximum, et qu'il fallait passer à autre chose – l'autre chose, c'est l'épreuve de philosophie.

Mais, malgré cette inertie, je réussis. J'ai mon bac blanc. Une fois de plus, je suis rentrée à la maison en voiture à 30 à l'heure avec les warnings. Mission accomplie.

Une fois le but atteint, ça ne va vraiment plus. Fin janvier, il y a déjà un mois que je ne dors plus, n'avale quasiment rien et traîne un corps pesant sur des jambes en guimauve. Je m'appuie contre les murs pour marcher – vertiges, maux de tête, nausées et essoufflement. Tous ces signaux d'alerte ne parviennent pas jusqu'à mon cerveau. J'ignore que mon cœur m'abandonne progressivement et que la mort me guette. Mon estomac m'a déclaré la guerre, il essaie de me dire que je suis arrivée au bout de mes forces, qu'il est temps de regarder les choses en face.

L'ennui, c'est que je refuse de l'entendre. Je subis pourtant ces signaux d'alarme que mon corps tout entier émet en permanence. Mais je ne songe qu'à dormir et encore dormir, sans imaginer l'once d'une possibilité d'issue tragique. Je tiens le coup, malgré tout ce que je ressens, en me disant : « Du calme, Aline. Tu vas à Paris le 21 février, l'équipe médicale va tout contrôler, ils savent quoi faire, tu peux tenir jusque-là. » Il ne me vient pas à l'idée que je puisse mourir. Pour moi, c'est inconcevable. Et j'en suis tellement persuadée que j'arrive à tromper les autres.

Le seul à qui j'essaie d'expliquer cette fatigue intense, c'est un ami. J'épargne ma famille mais pas lui ; j'attends qu'il comprenne, mais c'est difficile.

« Tu viens ? On sort ?

— Non, je n'ai pas la force. Je suis mal, je suis fatiguée, je ne peux rien faire…

— Arrête ton chiqué. Tu ne fais rien… Moi, je bosse toute la journée, je cours partout, je peux être fatigué. Toi, tu passes tes journées assise sur une chaise au lycée ! C'est ça qui te fatigue ? Tu rigoles ! »

En entendant cela, je me dis qu'il a peut-être raison, alors je me tais. Et le calvaire continue – maison, lycée, maison. En y repensant, je me vois comme la barque de Bonnefoy dans les remous, qui s'obstine pourtant, courageuse.

« Tu viens, Aline ? On va à la boulangerie. »

Je redoute la question. Je n'arrive pas toujours à dire non.

Je cède. Le lycée est en haut d'une pente très raide. Je descends. Je tangue un peu, mais ça va en me tenant au bras de ma copine. Remonter, c'est beaucoup trop dur. Comme il y a une deuxième entrée à l'arrière du bâtiment dont la pente est progressive, je feinte :

« Viens, on passe par la petite grille, je voudrais voir si mon amie est là-bas. »

La CPE me voit passer.

« Ça va ? Tu as l'air vraiment fatiguée.

— C'est rien, c'est le froid, à demain. »

Je n'arrive toujours pas à manger régulièrement sauf à certains moments, rares et insolites. En l'espace de trois ou quatre semaines, j'ai dû manger sept ou huit fois, et toujours en petite quantité. J'ai peur, même devant une crevette ou une feuille de salade. J'ai une pierre dans l'estomac, comme si j'avais avalé du ciment liquide et qu'il s'était solidifié à l'intérieur.

Et malgré cela, je grossis. Pour bloquer la faim, je bois de grandes quantités et mon corps garde tout, puisque mes reins ne fonctionnent presque plus. Avoir faim, ne pas pouvoir manger alors qu'on s'évertue à le faire sans savoir d'où vient le problème, c'est un cercle vicieux, une spirale infernale. À ce stade, je devrais être hospitalisée, mais je mets tellement d'énergie à nier mon état… Ma mère me dira plus tard :

« Je voyais que tu n'étais pas bien, mais pas à ce point ! »

Silence sur le malaise dans la voiture, silence sur les cauchemars et la peur de fermer les yeux. Je m'efforce d'aller à table chaque fois qu'elle m'appelle.

Je ne dis pas la souffrance de monter un escalier ou de faire une promenade.

Mais elle sait que le processus mortel a commencé.

Comme le rendez-vous de contrôle à Paris approche, elle attend le lundi 21 février 2006.

La veille, dimanche, mon ami m'appelle et me demande de passer le voir. Il n'habite pas très loin de chez nous, mais il faut monter une petite côte.

« Franchement, je suis crevée. Je n'ai pas envie de bouger, pas envie de sortir la voiture.

— Encore ton chiqué, dis plutôt que t'as pas envie de me voir.

— Non, ce n'est pas ça. Je veux venir, mais je ne peux pas.

— Arrête de me mentir.

— Bon, c'est bon, je viens. »

Je prends la voiture, pour échapper à deux minutes de trajet à pied. J'arrive chez lui, j'ôte mes chaussures et repère le canapé, havre de repos. Je m'y installe aussitôt. Nous parlons, et d'un seul coup un vertige me prend.

« Ça ne va pas ? Tu es toute blanche.

— Non, ça va très bien ! À ton avis, je fais la fête ? Je saute comme un cabri ? Depuis tout à l'heure, je te dis que je ne suis pas bien. Il faut que je m'allonge, mets-moi un oreiller sous la tête, amène-moi des couvertures, je ne vais pas bien. »

Je m'allonge. J'ai froid. Je m'accroche pour ne pas tourner de l'œil.

« Mais ça ne va vraiment pas ?

— Tu crois que je te mens ? T'as pensé quoi ? Que je préférais aller voir des copines plutôt que de venir chez toi ?

— Tu veux quelque chose ?

— De l'eau.

— Il faut que tu manges, tu es toute blanche.

— Je vomis tout, que veux-tu que je mange ! »

Je lui en veux, je suis agressive, mais c'est de ma faute. C'est moi qui refuse de me faire plaindre et qui suis incapable de dire simplement : « Non, je ne viens pas te voir, je suis malade, point barre ! »

Tout ce qu'il m'apporte, croyant bien faire, m'écœure. Je voudrais de l'eau, ou un fruit, quelque chose qui passe facilement. Je réussis à ingurgiter un ou deux yaourts, à boire, et je reste allongée tout l'après-midi au milieu d'une bande de copains qui rient, jouent à la console. Je n'en peux plus, et je n'ai pas le courage de me relever pour rentrer chez moi. J'attends, allongée sur ce canapé minuscule, la tête sur un accoudoir, la nuque cassée et les pieds en l'air. C'est une position inconfortable, mais je ne peux plus en bouger. J'espère récupérer, retrouver la force de partir, mais le temps passe et rien ne s'arrange.

Finalement, je décide de rassembler mes forces et de rentrer.

« On va en boîte avec les copains. Tu viens ?

— Qu'est-ce que tu veux que j'aille faire en boîte ? Je ne tiens pas debout.

— Tu pourrais faire un effort.

— Non, non, je rentre chez moi. »

Avant, je cédais facilement, surtout pour faire la fête. Chaque fois qu'on me proposait de sortir, j'acceptais et essayais de convaincre mes parents. Cette fois, c'est moi qui ne suis plus du tout convaincue.

« Allez, il faut te rebeller contre tes parents, y en a marre…

— Ce n'est pas une question de se rebeller, je ne peux pas, je suis trop fatiguée.

— Fatiguée de quoi ? Tu ne fous rien… »

Toujours le même refrain. Lui « travaille déjà », moi, je ne suis que lycéenne…

Nous sommes des amis d'enfance. Je croyais le connaître, mais je ne le voyais pas sous cet angle : indifférent, sans tendresse amicale, sans préoccupation des autres, surtout des filles. J'attendais de la gentillesse, un minimum de compréhension. Quelque chose de simple, par exemple qu'il propose de me raccompagner… Au lieu de ça, il m'assène son indifférence alors que je suis déjà à genoux. J'ai perdu un ami, ce jour-là.

Pour moi, l'amitié, c'est quelque chose de fort, d'important. Nous avions une bande en commun, dont faisait partie ma meilleure amie. C'était fini. L'enfance n'était plus là. Je suis une grande fille malade et lui un grand garçon « macho » qui me laisse tanguer seule jusqu'à ma voiture. Le sol est gelé, ça glisse, le pare-brise est couvert de givre, je dois le nettoyer, démarrer au starter – des choses banales pour n'importe qui en bonne santé, une série d'épreuves supplémentaires pour moi. Je rentre au ralenti avec la sensation d'être lourde, consciente de tout le poids de mon corps, ce boulet inerte et sans force que je dois animer. Et j'en ai assez de le faire. Il vaudrait mieux que ça s'arrête maintenant, qu'il s'écroule et meure… Qu'il libère mon esprit, que je continue de vivre dans ma tête, sans tout cela à supporter. Dans un ultime effort de volonté, je réagis. La déprime ne dure que quelques minutes, le temps de faire la route, d'arriver, d'abriter la voiture sous sa bâche. Le plus dur est de me baisser pour l'accrocher. Ma tension est si basse qu'en me relevant je sens que la tête me tourne. J'apprends depuis quelque temps à négocier les malaises. Je m'appuie contre la carrosserie, en me donnant des ordres : « Stop, ne bouge plus, attends que le sang redescende... » J'essaie toujours de contrôler mon corps.

Nous sommes dimanche. Je vais à l'hôpital le lendemain. Je ne pense qu'à une chose, y arriver. Pour une fois, je veux y aller et y rester s'il le faut, parce que je me sens en sécurité là-bas. Je sais que je pourrai dormir, ils seront autour de moi, toute l'équipe, les infirmières, les médecins, ceux qui me suivent depuis que j'ai treize ans avec autant de soin. Il y aura des machines pour me surveiller, je serai protégée. Alors que depuis des semaines je suis livrée à moi-même. Ma vision de l'hôpital, dans lequel je craignais de rester enfermée, a diamétralement changé.

Cette nuit sera encore un enfer, mais je suis presque au bout du calvaire.

À ce moment de ma courte vie, je suis à la fois terrifiée et en colère. Ce qui m'arrive est injuste, incompréhensible. Or je suis une fervente de justice, et je voudrais tout comprendre. Il est temps pour moi de recevoir des informations, de connaître une maladie dont, jusqu'à présent, je croyais me défendre en l'ignorant. Je ne veux plus avoir peur, ni faim, ni un estomac en béton armé, ni la tête qui tourne, les jambes qui flageolent et les poumons sans air. Si je dois quitter mon corps délabré, je suis d'accord. Si le destin l'exige, je m'y soumettrai.

Je vais avoir vingt ans en août. En septembre, je devrai repasser le bac en session de remplacement. Ensuite, j'irai faire mon droit en IUT. Et encore ensuite… on verra.

C'est le plan. Demain, je prends le train pour Paris – pourvu que là-bas on trouve le moyen de poursuivre mon objectif. Je suis têtue, je m'aide, mais il faut maintenant que le ciel s'y mette. Je ne peux plus me battre seule. Je ne peux plus du tout.

Ultime épreuve

Je suis enfin à la maison. Quand j'ai monté l'escalier de pierre du hall d'entrée, tout était glacé : mes pieds nus dans mes chaussures (on m'appelle « Miss pieds nus »), la pierre, l'air autour de moi, mon corps… Je m'allonge sur le canapé rouge, j'entends la voix de ma mère :

« Tu veux venir manger ?

— Maman, je n'ai pas la force. Je ne peux pas me lever. »

Cette fois, j'avoue et c'est la panique. Ma mère tourne en rond. Elle cherche dans le dictionnaire d'homéopathie ce qui pourrait me soulager, je l'entends fouiller dans les médicaments. Je crie :

« Maman, j'ai froid. Donne-moi quelque chose, n'importe quoi ! »

Elle accourt, m'apporte des pulls, des couvertures. Je tremble encore.

« Maman, j'ai froid, fais quelque chose, j'ai froid. »

Elle va chercher un sac de couchage, puis un autre. Et j'ai toujours froid. Un froid abyssal, impossible à définir. Je sombre dans cette glace qui m'enserre.

Là, elle commence à comprendre, me frictionne

tout en fouillant dans les médicaments à la recherche d'une pilule miracle.

« Tu m'entends ? Aline, tu m'entends ? »

Je ne réponds plus. Sa voix est lointaine. Elle déniche un genre de stimulant cardiaque dans sa réserve d'homéopathie. Et frotte, me frictionne de toutes ses forces.

« Aline, Aline, tu m'entends ?

— Oui, vaguement. »

Elle me frictionne dix minutes, un quart d'heure pour me réchauffer, elle sait que je commence à partir, il faut à tout prix que le sang revienne et me réchauffe. En réalité, mon cœur s'arrête et repart par à-coups, de minuscules infarctus. Mais je n'en suis pas consciente.

« Ça va, Aline ? »

Je peux enfin lui répondre dans un souffle.

« Oui, c'est bon. »

Je les entends parler, puis s'affronter.

Mon beau-père essaie de calmer ma mère qui est prise d'une grande agitation. S'il a peur, il ne le montre pas. Elle commence à crier :

« Tu ne comprends donc pas ce qui se passe ? Tu ne comprends pas ?

— Arrête, elle a pris froid…

— Mais non, tu ne comprends pas. Elle est en train de partir. »

Cette phrase, « elle est en train de partir », résonne dans mon esprit encore affaibli. Que dit-elle ? D'accord, j'ai froid, mais il ne faut pas exagérer. Je ne pars pas ! Je suis là, elle a réussi à me réchauffer un peu, ça va aller. Je le pense sans avoir la force de prononcer les mots.

Je suis comme mon beau-père, je veux m'accrocher à une explication simple, logique, évacuer de ma tête l'idée d'un cœur qui cherche à me lâcher. Mais maman le sait, le voit, et pourtant elle n'appelle personne au secours, parce que personne dans notre région n'a pu sauver mon père, et qu'elle se méfie. Elle veut qu'on me prenne en charge à Paris, là où l'on me suit depuis mon enfance. C'est un gros risque, mais personne ne me touchera ici. Sur ce point, je suis d'accord avec elle. J'ai besoin d'avoir confiance. De toute façon, je ne veux plus bouger de ce canapé avant demain. C'est fini, je suis en bout de course, je veux me terrer dans ce coin comme un animal malade. Qu'on me fiche la paix. Ma mère le comprend. Elle ne me l'a pas encore dit, mais mon père, avant de mourir, faisait les mêmes choses que je fais aujourd'hui. Il ne dormait plus dans son lit, il ne le supportait pas. Il descendait aussi de sa chambre pour s'allonger sur le canapé, dans la salle à manger.

Je pense que lorsqu'on se sent partir, on a besoin d'être au milieu de la maison, au milieu des vivants – le lit, la nuit, c'est la mort qui guette. Voilà pourquoi je ne peux pas dormir le soir seule dans mon lit, parce qu'on ne sait jamais ce qui peut arriver.

Pendant ces moments que j'ai passés sur le canapé rouge, je me suis surprise à fermer les yeux en pleine journée, par exemple en écoutant parler mon petit frère, ma mère ou mon beau-père, ou encore la télévision. Je parvenais à dormir une heure, parfois un peu plus, d'un sommeil peu profond mais reposant, parce que j'étais rassurée.

Je me forçais à garder un certain niveau de conscience, je ne voulais pas m'abandonner dans le sommeil. J'étais toujours là, à l'affût des bruits, de la vie autour de moi. Ma mère avait tellement peur qu'elle m'a avoué plus tard que si je fermais les yeux, elle venait m'écouter respirer toutes les cinq minutes.

Après ce malaise sur le canapé, durant lequel j'ai perdu un moment le contact avec ma mère, il a encore fallu passer une nuit avant de prendre le train pour Paris. J'ai eu de la chance, car si ce malaise m'avait prise ailleurs, je ne serais peut-être plus là.

Mais je suis bien là, dans un état second, un brouillard, je n'attends que le départ pour Paris. Je ne regarde plus les heures parce que je n'ai plus la notion du temps, je suis épuisée et j'attends. Je ne dors pas, je sens le regard angoissé de maman, mais la nuit passe assez vite, curieusement. Le jour se lève. Je n'ai même pas la force de me laver, tout juste celle de me maquiller pour dissimuler ma mauvaise mine. Aux médecins, je ne pourrai pas la cacher, c'est sûr, mais aux autres, oui. Et j'ai besoin de me la cacher, de maintenir un semblant d'image de bonne santé. Pour avoir la force d'avancer comme si rien n'était grave. Je refuse la pâleur, les cernes, les joues creuses. Il y a quatre heures de train jusqu'à Paris, je ne veux pas qu'on me dévisage, qu'on pense :

« Elle est malade… »

C'est étrange, mais c'est comme ça que je suis. J'ai besoin de toujours contrôler la situation, faire face, bonne figure, ne pas céder à la panique. Avec ce départ, j'ai confiance. Je ressortirai de là avec une ordonnance pour un médicament et tout va redevenir comme avant ! Mais il n'y a que moi pour penser cela. Mes parents sont bien conscients que l'hôpital ne me relâchera pas comme ça. Mais ils n'en parlent pas pour autant.

Nous nous dirigeons tous les quatre vers la voiture pour nous rendre à la gare. Je suis tellement essoufflée que j'ai du mal à mettre un pied devant l'autre, je me bats pour tenir debout. Mes jambes ne me portent plus. C'est ma tête qui me dirige, ma volonté qui me dit de rester debout, oblige mon corps et mes jambes tremblantes à se mouvoir. Je cherche sans cesse de l'air, avec l'impression que je vais en manquer à chaque pas. Parler m'est impossible, j'ai besoin d'économiser le peu de souffle qui me reste. Je monte en voiture. Le trajet n'est pas long, mais il faut garer la voiture derrière la gare, et je sais que je devrais marcher encore. Cinq minutes à pied quand on marche bien, et il faut emprunter un passage souterrain. Le train est à 8 heures. Mon beau-père court devant avec mon frère. Et ma mère reste en arrière avec moi parce que je n'avance presque pas, je ne peux pas. Il m'aurait fallu une ambulance ou un fauteuil roulant, mais, telle que je me connais, je les aurais refusés. Je veux toujours aller au maximum de mes possibilités.

Nous arrivons enfin sur le quai, mais trop tard, le train s'ébranle sous nos yeux. Mon beau-père, fataliste, propose de prendre le train du lendemain.

Maman refuse et insiste :

« Non, c'est aujourd'hui ! On ne peut pas laisser la gamine comme ça. Il faut qu'on soit à Paris absolument aujourd'hui. »

Le prochain train est à 13 heures. Nous retournons à la maison pour ne pas attendre à la gare. Notre village est à un quart d'heure. Je suis fatiguée de ce chemin de croix, j'ai envie d'être dans ce train et de partir. Je pense qu'il va falloir refaire tout ce trajet pour enfin monter dans notre wagon. Ensuite, à l'arrivée, il faudra traverser la gare, aller jusqu'au taxi, puis jusqu'à l'hôtel et, après l'hôtel, marcher dix minutes jusqu'à l'hôpital… La succession de ces étapes – chacune me demandera un effort énorme – n'est pas loin de me décourager. Je n'en vois plus la fin. Me revoilà sur le canapé rouge. Je n'ai pas peur. Je n'ai jamais peur au sens panique du terme. Je m'obstine à vouloir faire des choses extrêmement difficiles, quasi impossibles pour quelqu'un dans mon état. Je sais que d'autres réclameraient une civière, un fauteuil ou une ambulance. Pas moi. Depuis le début, je veux me prouver que je ne suis pas malade. Je refuse ce gène, je refuse ce cœur, je refuse mon passé. Peut-être ai-je cherché à ce moment-là, inconsciemment, à aller au-delà même de mes limites. Peut-être me fallait-il aller jusqu'à la chute, pour qu'on me ramasse enfin, et qu'on me sauve. Pourtant, si mon rendez-vous avait eu lieu en décembre, je pense que les médecins n'auraient rien vu, car mon état de santé s'est dégradé très vite. Juste avant, je n'avais rien. Or ce rendez-vous a été annulé et reporté en février. Ma limite !

J'ai faim. J'essaie la moitié d'une tranche de jambon. Bel exploit ! J'ai mal au ventre, et envie de vomir. Adieu, tranche de jambon ! Maman emporte des compotes, de l'eau, des petits sandwichs, et nous repartons, bien en avance cette fois.

Après ce deuxième trajet jusqu'à la gare, je m'étale enfin sur la banquette du train, comme un sac. Et j'attends. J'ai froid. Je n'arrive pas à dormir. J'écoute de la musique pour passer le temps. Le trajet me semble plus long que d'habitude. Je mange des compotes, ça passe. Je tiens jusqu'à Paris. Nous voilà gare de l'Est et je respire encore plus mal au milieu des gens qui me bousculent, je titube et ça m'énerve. Il y a trop de monde, j'ai envie de leur hurler : « Laissez-moi passer ! »

Si je pouvais mettre un gyrophare sur ma tête !

J'ai l'estomac lourd, je sens que je vais vomir. Et il faut trouver un taxi. Maman me voit blêmir, elle comprend. Ce trajet jusqu'à l'hôtel est épouvantable. Dix longues minutes durant lesquelles je me concentre pour ne pas faire de dégâts dans le taxi. Encore deux minutes pour prendre les clés à l'hôtel, marcher jusqu'à l'ascenseur, monter à l'étage, ouvrir la porte de la chambre et me réfugier aux toilettes, à quelques secondes près. C'est terrible, ce genre de situation.

L'hôpital est pour demain. Je passe une nuit d'enfer, sans dormir, avec des fourmillements bizarres dans les bras. Le gauche est lourd, engourdi, comme si j'avais dormi dessus pendant des heures sans bouger. Les fourmis grimpent jusqu'à ma tête. J'ai froid. Tout le côté gauche est pris et les pilules homéopathiques que me donne ma mère faute de pouvoir faire autre chose n'y peuvent rien. Comme je ne dors pas, j'essaie encore de manger, je m'obstine, mais ça passe mal – encore ces nausées. Alors je me concentre pour garder un petit quelque chose dans mon estomac récalcitrant. Je lui parle : « Garde ce que je te donne, s'il te plaît. »

C'est dur. Je tourne en rond dans la chambre alors que mon petit frère dort. Assise sur mon lit, j'ai envie de me taper la tête contre le mur en hurlant. Je me remets en marche. Je ne tiens plus. J'ai peur du lit, peur de rester immobile. Même si ça m'est difficile, je bouge. Je vais aux toilettes, reviens vers le lit, m'assieds, me secoue... Je dois me calmer. C'est une nuit d'angoisse extrême. Je n'ose pas aller voir mes parents dans la chambre voisine, il faut qu'ils dorment – j'apprendrai le lendemain qu'ils n'ont pas dormi de la nuit. Je ne sais plus quoi faire. Le lendemain matin arrive enfin, nous sommes mardi et, dès 6 heures, je vais chercher mon beau-père.

« Il faut qu'on y aille, je n'en peux plus. »

Ma mère et mon frère restent à l'hôtel, ils vont visiter des musées pour se détendre. Et nous prenons le chemin de l'hôpital de la Pitié-Salpêtrière.

Je ne sais pas comment j'ai fait ce trajet. D'habitude – je le connais par cœur depuis mes treize ans –, je le fais en dix minutes à pied. Ma mère voulait que nous prenions un taxi. Mon beau-père, comme moi, refuse l'évidence. Il est inquiet, mais il s'efforce toujours de calmer maman :

« Mais non, ça va aller. »

En hôpital de jour, le rendez-vous n'est pas précis. Heureusement, car il me faut une demi-heure au lieu des dix minutes habituelles. Le chemin est direct, tout droit, je n'en vois pas la fin. Je n'aperçois pas l'hôpital et me tiens aux murs pour reprendre mon souffle. Je veux faire comme d'habitude, entrer dans cet hôpital comme d'habitude, en ressortir et le quitter comme d'habitude.

« Quand est-ce qu'on arrive ? J'en peux plus. »

L'équipe qui me suit depuis des années, ma « famille médicale » comme je m'amuse à l'appeler, m'attend. J'ai une confiance totale en ce professeur, qui au fil du temps et des rendez-vous est devenu une sorte de grand-père pour moi. Lorsqu'il m'a reçue pour la première fois, à treize ans, il m'a tout expliqué clairement. Et il a eu cette phrase que j'aurais pu entendre en cours de mathématiques, et qui a su m'apaiser : « À tout problème, il y a une solution. »

À cet âge-là, je savais donc exactement ce qui se passait. Il était souriant et confiant :

« Aline, tu as le syndrome de ton père, le gène du gros cœur. Cela veut dire que ton cœur fonctionne moins bien que les autres : un cœur normal, c'est 61 % de fraction d'injection sanguine dans le corps ; le tien est à 57 %. Tu es un peu en dessous, mais tu peux vivre bien. Tu n'as pas de souci à te faire. Bien sûr, tu auras quelques difficultés dans la vie de tous les jours, tu seras un peu essoufflée. Alors, ce qu'on va faire, c'est te donner un médicament, un vasodilatateur, qui va irriguer les artères, aider le cœur pour qu'il tienne plus longtemps. Tu pourras sûrement passer toute ta vie comme ça. Au cas où cela ne suffirait pas, il y aurait toujours un autre moyen, il ne s'agirait plus de médicaments mais d'une solution mécanique : la greffe. »

Je l'avais regardé, inquiète.

« Mais ce n'est pas pour maintenant, ne t'inquiète pas. Pour l'instant, n'y pense même pas. »

Ce jour-là, j'avais entendu « médicaments », j'avais entendu « greffe », mais aussi « n'y pense même pas ».

Donc je n'y pense toujours pas, une douzaine de contrôles plus tard sans aucune aggravation. Pendant ce temps, son équipe de généticiens a proposé à toute ma famille de participer à une recherche systématique du gène. La médecine connaissait déjà le problème du myocarde dilaté, surtout chez les sportifs. En revanche, les chercheurs n'avaient pas encore repéré un cas lié à la génétique. C'était l'occasion de le faire. Les recherches ont duré cinq ans avant de pouvoir le cerner. À treize ans, ça ne me disait pas grand-chose, cette histoire de gène. Plus tard, j'ai appris qu'il s'agissait d'une unité d'hérédité contrôlant un caractère spécifique. Il correspond à un segment particulier de l'ADN. Dans chaque cellule de notre corps, il y a un noyau, ce noyau est une sorte de bibliothèque qui contient notre patrimoine génétique. Le chromosome est un livre de la bibliothèque, le gène est une page de livre. Un des miens est mortel – il a tué mon père et mon grand-père. Mais pas mon arrière-grand-mère ! Et j'ai toujours tablé sur cette information et tout l'espoir qu'elle contenait.

J'ai supporté les contrôles biannuels grâce à une méthode bien à moi. Comme je détestais les subir, je me mettais entre parenthèses. Dès mon entrée à l'hôpital, ma vie s'arrêtait. C'était une sorte de pause, ce n'était pas moi qui attendais dans cette salle. Dès le matin à 8 heures, c'était une autre Aline à qui l'on imposait des tests d'effort sur un vélo avec un masque pour mesurer l'oxygène, des prises de sang, un électrocardiogramme. Et la fameuse échographie en dernier. Quand il n'y avait pas ce Holter, une sorte de machine qu'il fallait trimballer sur soi-même au collège. Je le cachais sous mes vêtements pour que les copines ne le voient pas. C'étaient des journées longues, avec la visite du professeur pour faire le bilan. Il me rassurait tout le temps en disant que ça tenait, qu'il n'y avait pas de problème.

Les médecins avaient beau être gentils, adorables, je me sentais vraiment différente, comme si je coupais le moment où j'entrais pour le recoller directement au moment où je ressortais. Il n'y avait rien entre les deux. Je mettais un pied dehors et c'était fini. Je ne pensais même plus au prochain contrôle, six mois plus tard. Une fois sortie de l'hôpital, je sentais comme une libération, j'allais rentrer, retrouver ma chambre, mes copines, et c'était reparti. La routine.

Cette fois, j'ai hâte de passer tous les tests, je ne mets rien entre parenthèses. Je veux que les médecins examinent le problème et trouvent la solution. Vite. Je n'en peux plus.

Dès notre arrivée, les infirmières m'installent dans une petite pièce. Elles me connaissent toutes. L'infirmière-chef me dévisage :

« Aline, que t'arrive-t-il ? Tu es toute blanche, tu es bien faible. »

D'habitude, on commence par toute une série d'examens, mais cette fois elle décide de commencer directement par l'échographie.

« Assieds-toi, tu veux déjeuner ?

— Oui, j'aimerais bien manger, j'ai faim.

— Je t'apporte quelque chose. Détends-toi et repose-toi. »

Je suis rassurée, je me sens mieux, je supporte un peu de nourriture. Je m'assoupis, me sentant en sécurité. Ils sont là. S'il y a un problème, ils s'en occuperont. Puis on vient me réveiller. J'ai l'impression d'avoir dormi des heures, alors que j'ai somnolé une heure seulement. Je me suis reposée, mais je me sens toujours plus fatiguée.

Moi qui prétends ne jamais avoir peur, je n'en mène pas large en entrant dans la salle d'échographie. Je connais le médecin, qui pratique toujours cet examen. Il regarde intensément son écran. Je n'aime pas voir cette image de mon cœur, je ne tourne jamais les yeux sur elle, mais je lis dans le regard du médecin qu'il est inquiet. Et je me demande ce qui se passe. J'attends sa réaction. Il continue à mesurer, ne laisse rien échapper à sa vigilance, et ça m'énerve parce que je ne comprends pas ce qui est en train de se dérouler. D'habitude, l'examen dure une demi-heure, mais cette fois c'est très long. La pièce est sombre, j'en ai assez qu'il cherche à mesurer les moindres petits bouts de mon cœur. Il appelle d'autres médecins que je ne connais pas, et les voilà qui défilent, examinent l'écran. Je commence à me douter qu'il y a un problème. Je suis fébrile et inquiète ; leur silence m'énerve davantage. Qu'ils en finissent, qu'on me dise ce qu'il en est vraiment.

« Tu peux te rhabiller, Aline. Il y a un problème, ton cœur s'est dégradé.

— Je m'en doute, je ne vais pas bien. Qu'est-ce qu'il faut faire ?

— On va te garder trois jours, te donner des médicaments pour te stabiliser. »

Trois jours, si c'est pour que je sorte en forme, pas de problème. J'ai confiance en lui s'il pense que l'on peut me stabiliser. Mais je n'ai pas encore vu le professeur qui me suit.

« On va te monter en soins intensifs, tu ne t'inquiètes pas. »

Soins *intensifs*, c'est un mot fort ! Qu'est-ce que je

vais faire là-haut ? Qu'est-ce que ça signifie ? De quoi ne dois-je pas m'inquiéter ?

En arrivant, je vois une vieille dame branchée à une machine qui la fait respirer. Elle ne peut plus parler, le regard fixé dans le vide, droit devant elle. Rien ne passe dans ce regard.

Je commence vraiment à avoir peur. Je demande à l'infirmière :

« Mais qu'est-ce que je fais là ? Pourquoi ? Je veux aller dans un service normal. Je ne peux pas rester là. J'ai peur.

— On va t'installer dans la cellule voisine.

— Je ne veux pas, je vais penser qu'elle est juste à côté de moi et ça va me faire encore plus cogiter. Je ne veux pas être là.

— D'accord, on va te mettre un peu plus loin. Évite de la regarder. »

Je ne regardais pas, mais j'entendais les machines. Je ne pouvais pas m'empêcher de penser qu'elle était là, et mon angoisse redoublait. J'ai vu la mort dans le regard de cette vieille dame, et ça fait peur. J'ai commencé à réaliser à ce moment-là que j'allais très mal, sinon on ne m'aurait pas installée là.

L'infirmière me demande de me déshabiller intégralement. Elle me donne une espèce de chemise bleue attachée dans le dos. C'est une horreur. Cette fois, j'ai touché le fond. La mort est ma voisine. Le regard de cette dame consciente de ce qui est en train de se passer, qui attend, sans rien pouvoir faire d'autre, m'a profondément marquée.

Cet endroit est un avant-goût du cimetière, et je suis dans un lit, avec cette chemise démoralisante, incapable de penser à autre chose qu'au regard vide de cette femme. La pièce résonne des bruits bizarres de cette machine.

J'ai les idées claires, trop claires, même si mon corps ne me porte plus. Je n'arrête pas de me dire que je dois résister, et pour cela utiliser ma technique et mettre ces trois jours entre parenthèses. Je me concentre pour bouger une jambe, la lever, la plier, et pour faire pareil avec l'autre jambe. Mon bras est engourdi et je dois lui faire faire quelques mouvements à lui aussi, pour que ça circule. Depuis longtemps, je me lance des ordres du type : « Aline, il faut que tu tiennes debout, reste debout, appuie-toi, ne tombe pas. » Je me forçais. Je calculais tout, le moindre geste, j'avais des stratégies permanentes. Je continue. Je veux rester en vie.

Je lutte contre la mort. Sans en prendre l'exacte mesure, heureusement.

Mes gardes du cœur

Jusqu'à cet instant, j'avais encore le sentiment de pouvoir maîtriser la situation. Depuis des années, je vivais avec cette menace que je préférais nier ou transformer en y pensant comme à une histoire d'enfant : « On dirait que mon papa serait mort à vingt-neuf ans, et que pour commencer je vivrais au moins jusque-là et que je ne poserais plus de questions… »

Maintenant, je ne cesse d'en poser, des questions, sur chaque geste. À quoi ça sert, une perfusion ? Je veux tout savoir de la technique étape par étape. Que met-on dedans ? Du glucose, parce qu'il faut me nourrir, je suis faible. Il faut en poser une autre ? Celle-là, c'est pour mon cœur, pour le stimuler, et qu'il batte un peu mieux. Je commence à reprendre des couleurs. La tension est toujours à 8. Le cœur a 20 % de sa capacité. Mais l'infirmière dit que mon état se stabilise, qu'on va sûrement me donner des médicaments. Je suis branchée sur un monitoring pour suivre les battements de mon cœur. Je ne vois pas l'appareil qui est derrière moi. C'est préférable, il fait n'importe quoi.

J'ai passé la nuit du mardi au mercredi avec ma mère, autorisée à rester près de moi exceptionnellement. Mon beau-père et mon petit frère sont restés à l'hôtel. Une longue nuit coincée sur ce lit d'hôpital, sur le dos. Pourvu qu'on me laisse rentrer chez moi. Ils ont dit hier : « On va te garder trois ou quatre jours… »

Je n'ai plus la notion de l'heure. Pas d'horloge dans la pièce. Je sais que nous sommes dans l'après-midi du mardi et que tous les médecins qui m'ont examinée cherchent à joindre le professeur Komadjda, qui me suit depuis le début, pour avoir son avis. Ils doivent décider ensemble « de ce qu'ils vont faire de moi ». On m'ausculte régulièrement – médecins, infirmières, je suis l'objet d'une surveillance constante et rapprochée. J'ai mes gardes du cœur.

Mardi soir. Arrivée du professeur, mon garde du cœur en chef.

« Aline, écoute-moi bien, ton cœur ne va pas bien, on ne sait pas combien de temps il pourra tenir. À ton avis, qu'est-ce qu'on va faire maintenant ?

— Je ne sais pas. Me donner des médicaments ?

— Non. De quoi avons-nous parlé tous les deux quand tu étais plus jeune ? Quel est le dernier recours ?

— Je ne sais pas.

— Aline, réfléchis.

— Je ne sais pas. M'enlever une partie ? Une valve ?

— Réfléchis, Aline. Je viens de te dire que l'on ne peut plus rien faire, ça ne va plus. Tu es grande et tu es majeure. Qu'est-ce que je t'ai dit quand tu avais treize ans ? Quel est le dernier recours ? »

Il cherche à me faire dire quelque chose. Je me revois à cet instant important de ma vie, les yeux écarquillés, fixant le professeur. Il m'encourage en silence, l'air de dire : « Vas-y, sors-le, sors-le, ce que je t'ai dit quand tu étais petite, tu le sais… »

« La greffe ?

— Oui, la greffe. »

Je le savais. C'était caché depuis des années dans un petit coin de ma cervelle, mais toujours là. Ce que je considérais comme une menace en suspens : la greffe du cœur.

C'est un choc sur le moment.

« Et mon bac ?

— Tu ne crois pas que ta santé est plus importante que ton bac ? »

Je suis face à la réalité. Depuis plus d'un mois, je traîne un vieux cœur mourant dans un corps de dix-neuf ans. Je lui ai demandé l'impossible, passer mon bac blanc, et il l'a fait. Je l'ai emmené jusqu'ici en le tyrannisant. Il déclare forfait. Finalement, c'est une libération.

Toute la nuit et toute la journée d'hier, j'ai craint de partir, qu'il me lâche avant que les médecins aient trouvé une solution, que je croyais encore « simple ».

« Tu es majeure, j'ai besoin de ton accord. Si tu veux, on va te laisser la nuit pour y réfléchir, et on en parle demain. D'accord ?

— Pour la greffe, c'est d'accord ! C'est tout réfléchi.

— On t'amènera les papiers à signer demain. »

Il est 19 h 30 environ. L'infirmière-chef a autorisé

hier maman à rester auprès de moi, mais ce soir elle n'est malheureusement pas présente. Impossible de confirmer cette autorisation, maman doit me quitter. Je m'apprête à passer seule une nuit d'enfer.

Mes gardes du cœur s'inquiètent tous pour moi, les infirmières me cajolent.

« Ma bibiche, ça va ? Tu veux qu'on parle un peu ? Essaie de t'endormir. »

Mais je ne veux pas dormir, c'est hors de question. La vigilance est nécessaire.

Dans cette chambre, avec tout ce matériel autour de moi, ces contrôles incessants, je reste aux aguets, comme une souris stressée. Où est le chat qui me guette ? Que va-t-il se passer ? Où serai-je demain, dans une heure, dans une minute ? Combien de temps faudra-t-il attendre pour avoir un cœur tout neuf ?

Mon vieux cœur est épuisé, je sens qu'il va me lâcher. Je ne parviendrai jamais à m'endormir. Je suis paniquée, je pleure à m'étouffer et forcément les machines s'emballent. Dès que je bouge un bras, elles s'emballent. Je suis coincée là, ficelée, incapable de me lever, on dirait un bébé. On me donne le bassin, parfois je n'ose pas appeler l'infirmier de garde et je me retrouve trempée dans mon lit. Je pleure rarement mais, quand je m'y mets, je ne m'arrête plus. Maman partie et la greffe en suspens, cette unité de soins intensifs où je survis me flanque la trouille. Je pleure sur tout ça.

De jeunes infirmières du staff viennent me consoler, parler un peu avec moi pour me calmer.

« Il faut dormir, tu as besoin de repos. »

Je ne peux toujours pas, j'ai trop peur. Alors elles

me racontent des histoires, des ragots sur les stars. Il paraît que Brad Pitt est à Paris, il a été vu à moto…

Au bout d'un moment, j'arrive à me détendre et même à plaisanter avec elles.

« On dit que c'est l'homme idéal, mais pour moi c'est un mec comme un autre…

— Mais tu es folle ! Brad Pitt ? Tu te rends compte ? Il est trop beau ! »

À force de dire des bêtises, je ne pleure plus. Je ne m'étouffe plus, mais je ne peux toujours pas fermer l'œil, persuadée que si je ne reste pas sur mes gardes, mon cœur va me lâcher.

Les yeux grands ouverts, j'entends des patients qui hurlent, pleurent ou se plaignent.

J'entends les machines biper quand un malade arrache sa perfusion. Les infirmières courent partout. Je n'ose pas appeler l'infirmier de garde ni le déranger, je me dis que les autres malades ont plus besoin de lui que moi. Mais par moments, je me sens vraiment partir, j'ai trop peur. Alors je sonne pour qu'il prenne ma tension et me rassure.

« Tu as 9, presque 10, ce n'est pas exceptionnel, mais ça va. »

On m'a donné un produit qui a requinqué mon cœur. Mais je suis prise de panique plusieurs fois dans la nuit et je rappelle pour qu'on vérifie encore et encore, jusqu'à l'aube.

J'ai la certitude d'un danger imminent. Le temps ne passe pas et je déprime. Je suis là, je subis, à la merci des autres. Ça me submerge. Tout à coup, je voudrais en finir, mourir, disparaître pour qu'on me fiche la paix. Je viens de passer un mois d'enfer, de cauchemar, et si je m'endormais pour l'éternité ? Je ne pense qu'à ça, je veux que ça s'arrête, maintenant, qu'on ôte ces aiguilles et ces machines qui me tiennent en vie. À quoi ça sert ? Je suis trop lasse, je n'en peux plus.

Je ne pense plus à mes parents, ni à mon frère, à ma famille ou à mes amis, je ne pense plus qu'à moi. À partir, pour que « ça » s'arrête. Personne ne comprend, personne n'est à ma place. Cette souffrance, cette sensation de partir, ce corps de 1,75 mètre, prisonnier d'un muscle qui refuse de l'aider à vivre. Cette menace n'en finira jamais. Je ne joue plus. Je n'y crois plus. Ce maudit cœur a chuté à 20 % de ses capacités. Il m'offre un minimum de survie, mais combien de temps va durer ce minimum ?

Ils ont réussi à lui redonner un coup de fouet, ils espèrent me sortir de là. Mais quand ?

S'ils ont de l'espoir, alors pourquoi n'en ai-je pas ? Parce que je le sens partir sournoisement.

J'ai des douleurs physiques, les bras engourdis, toute la partie gauche aussi, du bout des pieds jusqu'au-dessus de la tête. L'infirmier reprend la tension, et dit qu'il ne voit rien de spécial. J'en viens à penser que peut-être il me ment, sinon pourquoi cette douleur sourde, présente en permanence et si lourde à porter ? J'ai l'impression de peser une tonne. Je ne sens plus mes doigts, c'est bizarre. J'essaie de secouer le bras pour faire circuler le sang, et les machines bipent derrière moi. Je panique, j'appelle :

« Pourquoi ça bipe ?

— Parce que tu as bougé. Il ne faut pas bouger, tu sais bien que c'est sensible. »

Il faudrait rester immobile. Mais je ne sens plus mes jambes, je voudrais les remuer. Elles commencent à devenir bleues. La circulation ne se fait plus. Mon corps est en plomb, le poids d'un camion. J'ai l'impression que je m'enfonce dans le lit, que le lit s'affaisse sous mon poids. D'habitude, on ne sent pas son corps, mais moi je ne sens plus que lui. J'ai envie de l'abandonner, de lui dire : « Fiche-moi la paix, laisse-moi m'envoler, j'ai besoin d'air ! »

Après cette longue nuit d'enfer, épuisée, ensommeillée, voilà que les visions sinistres reviennent me tourmenter. Alors que je suis allongée, fixant le plafond et ses néons qui éclairent la pièce d'une lumière blanche, je vois des morts. Les visages sont flous, je ne distingue pas leurs traits, mais je sais que ce sont eux : mon père et mon grand-père. Je ressens quelque chose d'étrange, d'indéfinissable. Ces visages morts me font comprendre que je ne suis pas toute seule. Qu'ils m'accompagnent, m'entourent, qu'ils sont venus « me voir ». Pourquoi ? À gauche, le visage de mon père, à droite, celui de mon grand-père. Est-ce que je délire parce qu'on m'a donné quelque chose ? Est-ce moi qui perds la raison ? Je suis tétanisée de peur. Je ne comprends pas pourquoi ces deux visages de la mort sont revenus. Je voulais mourir pour avoir la paix, mais pas comme ça… Pas comme eux. Laissez-moi ! Ne venez pas me chercher.

Il faut que je tienne ! Il faut que mon cœur m'obéisse encore un peu.

À ce moment-là, j'ignore qu'en cas d'aggravation brutale il reste la possibilité d'implanter un cœur artificiel pour attendre la greffe. Durant mon adolescence, je me suis documentée sur cette maladie, sur le fonctionnement du cœur, mais pas sur le reste.

C'est-à-dire les techniques artificielles, les greffes, tout l'attirail de survie inventé par la médecine.

Maman doit savoir. J'espère qu'elle est rassurée puisqu'il y a une solution. Nous sommes à Paris et non dans la province où mon père est mort il y a un peu plus de quinze ans, faute de technique. À l'époque, ma mère découvrait cette maladie, elle ne savait pas qu'il y avait ailleurs, dans d'autres hôpitaux, des spécialistes capables de décider de la nécessité d'une greffe pour lui bien avant l'échéance. Au début, comme moi, le malaise était progressif – des essoufflements, l'épuisement. Puis, malgré les médicaments, la spirale infernale l'a emporté. Je suis sûre qu'elle y pense en ce moment, mais les conditions ne sont pas les mêmes. Mon père est allé jusqu'au bout de sa vie en souffrant seul, avec un cœur artificiel techniquement daté, et placé beaucoup trop tard. Je ne sais plus quand j'ai appris les détails, mais ils font froid dans le dos. La poitrine ouverte, avec cette machine qui essayait de battre à la place de son cœur déjà mort.

Voilà ce qui me traverse l'esprit alors que les visages de mon père et de mon grand-père se sont dissous dans la lumière des néons. Pour moi, la greffe est possible. Envisagée depuis le début en cas d'aggravation. Je suis entre les mains des meilleurs. Mes parents y ont veillé. C'est à moi de tenir le coup.

Des infirmières arrivent, portant un nombre incroyable de tubes vides pour une prise de sang.

« C'est pour quoi faire ?

— On ne te l'a pas dit ? C'est pour le bilan prégreffe.

— Maintenant ? Et vous allez prendre tout ça ? Je ne pourrai jamais le supporter ! Je suis trop faible.

— Mais si. Ne t'inquiète pas. Le corps le supporte. »

Maman insiste, essaie de me rassurer.

« Elle sait ce qu'elle fait, Aline. Ne crains rien. Tu as peur des aiguilles ?

— Non, j'ai l'habitude des prises de sang. C'est la quantité, c'est énorme. Tous ces tubes… »

J'en vois une cinquantaine, c'est effrayant, comme si on allait me vider de mon sang. Et mon corps, comment va-t-il réagir après ça ? Va-t-il s'évanouir ? De toute façon, je n'ai rien à dire, maman a raison, l'infirmière sait ce qu'elle fait. Mais l'angoisse demeure. Si on me prend tout ça, je ne tiendrai pas. C'est comme un clignotant rouge dans ma tête : « Alerte ! Tu ne vas pas supporter. »

L'infirmière trouve que j'exagère, que j'abuse de sa patience, et elle a raison. C'est long, quand même, un grand quart d'heure pour remplir de mon sang tous ces tubes. Et la greffe n'est pas pour demain, que je sache, on m'aurait prévenue. Je sais que l'on ne trouve pas un cœur de remplacement en claquant des doigts. Ce serait trop beau.

Je demande à maman de me laver sur mon lit, de me frictionner avec un gant, car j'ai froid, de plus en plus froid. Ma grand-mère paternelle m'a appelée juste avant cette longue prise de sang. Elle était bouleversée. Elle m'a dit :

« Ne pars pas, je t'aime. »

C'était la première fois qu'elle me disait ces mots, « je t'aime »… Mais il y avait sa peur aussi, avec ce « ne pars pas » qui sonnait comme un pressentiment.

« Mamie, ne t'inquiète pas, je suis entre de bonnes mains, je vais bien. »

Elle pleurait. Je n'avais pas envie de pleurer, je devais la rassurer, la protéger :

« Mais non, mamie, ça va, je t'assure, je vais mieux, ils m'ont donné des médicaments, je vais bientôt sortir, ne t'inquiète pas. Ce sont des médecins super.

— Oui, mais ton papa, ils n'ont pas…

— Mais c'était différent avec papa. Ça fait des années, la médecine a avancé. Ne t'inquiète pas, tout va bien, je remange ! Je te rappellerai plus tard, ne te fais pas de souci, ça va aller ! »

J'ai compris qu'elle revivait le décès de son fils. Je la connais. D'habitude, elle retient ses émotions, n'en parle pas. Elle est comme moi, elle ne montre rien. Mais ce jour-là, ma pauvre mamie a craqué. Elle venait d'apprendre que j'étais à l'hôpital. Elle a commencé par dire « allô » normalement, mais, dès qu'elle a entendu ma voix, elle a fondu en larmes. C'était trop dur. J'imagine qu'elle se disait : « Je vais perdre ma petite-fille, le seul lien qu'il me reste avec mon fils. » Et ça m'a fait du bien qu'elle me dise « je t'aime ». Je sais qu'elle m'aime comme moi je l'aime, mais aucune de nous deux ne le dit à l'autre habituellement.

Je pense qu'elle a senti quelque chose, de loin, comme moi. Je m'en allais.

Comment exprimer l'inexprimable ? Par moments, je ressentais cet abandon étrange.

Comme si mon cerveau était entraîné malgré moi dans le vide. Et je pensais : « Vas-y, glisse, la mort est un grand repos. » À d'autres moments, je reprenais contact avec la réalité, l'espoir, la ténacité et l'obstination qui sont les miennes : « Tiens bon, ne me lâche pas ! »

Et je me souviens du dernier instant, de chaque mot. C'est arrivé d'un seul coup.

« Maman, va les appeler ! Appelle-les ! »

Il n'y avait rien sur les machines, aucun bip d'alarme, c'était en moi.

« Appelle !

— Pourquoi ? Qu'est-ce qu'il y a ?

— Maman, je suis en train de partir, va les chercher. »

Et les machines se sont mises à biper, en retard sur moi !

« Maman, dépêche-toi, va les chercher. »

Elle court. Je suis un peu dans les vapes, mais je vois arriver les blouses blanches, mes yeux commencent à se fermer lentement. J'en vois un, deux, trois, j'en vois dix autour de moi, je ne comprends rien de ce qu'ils font.

J'entends :

« Aline, Aline, Aline… »

Ils tapent sur mes joues.

« Aline, tu nous entends ? Aline…

— Oui, je vous entends.

— Garde les yeux ouverts.

— Je ne peux pas.

— Garde les yeux ouverts. Soulève tes jambes.

— Je ne peux pas, je n'ai plus de forces. »

Je me sens partir et j'entends encore… Quand on ferme les yeux pour s'endormir, on entend les voix des proches qui résonnent de loin. Elles résonnent. Je suis consciente de m'en aller et de ne rien pouvoir faire. Je suis assise sur mon lit, je m'entends demander :

« Combien de tension ?

— Tu es à 7…

— Et là ? Combien ? Je suis en train de partir. »

Je pleure :

« Sauvez-moi, sauvez-moi, je pars. »

J'entends biper. Ils s'affolent.

« Aline, vite…

— Combien ?

— Six. »

Et là, plus rien.

Je n'oublierai jamais ma mort.

Drôle de sursis

J'ai entendu ma grand-mère me dire « je t'aime » et j'ai ouvert les yeux. Elle n'était pas à côté de moi. Bizarrement, je me suis réveillée avec cette dernière phrase, comme si elle sonnait encore dans mon oreille.

Un réveil après une éclipse totale de vie.

Je ne veux pas savoir combien de temps mon cœur s'est arrêté de battre. J'ai eu trop peur en me voyant partir. Je suppose que la réanimation n'a pas duré longtemps. Peu importe. Je suis effectivement morte et ressuscitée. Ils m'ont tirée de là. Comment ?... Je n'ai pas posé de questions, moi qui en pose toujours habituellement. De l'adrénaline, un massage cardiaque, une défibrillation... De toute façon, j'étais là où il fallait pour que cette mort brutale ne m'emporte pas dans l'éternité. Si j'avais fait cet arrêt cardiaque dans la rue, en voiture ou je ne sais où, je ne serais probablement plus là pour témoigner. Quatre minutes, c'est le maximum de temps pour espérer réanimer un cœur avant qu'il ne soit trop tard. J'entends quelqu'un dire :

« Aline, ton cœur s'est arrêté. »

Je souris, je suis contente. C'est bon, je suis revenue vivante de ce trou noir.

J'ai eu tellement peur que je souris aux blouses blanches :

« Oui, oui, je sais, ça s'est arrêté ! Maintenant, que faut-il faire ? Emmenez-moi !

— Attends, on va t'expliquer.

— Emmenez-moi, emmenez-moi en salle d'opération, faites quelque chose.

— Aline, calme-toi. Dans l'attente d'un greffon, il faut que l'on te pose un cœur artificiel très vite.

— Qu'est-ce que c'est ?

— Une pompe qui va te servir de cœur en attendant, elle va te tenir en vie.

— D'accord, mais ça se met comment ?

— On la pose sur les artères de ta cuisse droite, et ça régénère ton sang en oxygène. C'est une grosse pompe, ça fait du bruit, mais ça permet de te tenir en vie le temps que ton petit cadeau arrive. Et nous allons faire ça tout de suite !

— Bon, d'accord, emmenez-moi.

— Ce n'est pas tout. Tu veux quoi ? Anesthésie locale ou générale ?

— Ça peut se faire sous locale ?

— Oui, ça peut se faire sous locale, mais…

— Alors je veux une locale.

— Aline, tu es consciente qu'une anesthésie locale, dans ce cas, c'est lourd à supporter ? Environ quatre heures d'opération !

— Ce n'est pas grave, je veux une locale.

— Tu es sûre ?

— Oui. Je veux voir comment ça se passe dans une salle d'opération.

— Tu ne verras pas grand-chose…

— Je ne veux pas dormir, je veux rester éveillée.

— D'accord. On va te raser, te désinfecter tout de suite, on t'emmène.

— Allez-y. »

J'ai hâte, je voudrais déjà être en salle d'opération. Il faut faire vite, avant que je ne parte définitivement. Me voilà dans un ascenseur immense, je suis contente qu'ils m'emmènent. On va installer cette pompe, elle va me laisser du temps. Je suis en sursis, c'est formidable comme sensation. Je suis partie, ils m'ont réveillée ; je parle, je regarde autour de moi, je sais qu'ils vont me sauver.

Sur la table, tandis qu'on me rase et me désinfecte les jambes, je souris toujours, heureuse d'être là, je parle aux infirmières, je plaisante :

« Une épilation gratuite, c'est super ! »

Je suis probablement sous l'emprise d'un excitant, l'adrénaline, mais j'ai vraiment envie de rire. Je suis passée à côté de la mort, elle a cru m'attraper, mais je lui ai échappé ! Je me moque d'elle. Rien n'est grave, puisqu'ils arrivent à me faire revivre. J'ai totalement confiance en eux – médecins, chirurgiens, réanimateurs –, ils sont là pour me sauver la vie. Ils me trimballent dans un immense ascenseur en rénovation, aux parois dissimulées par des cartons, et moi qui ai peur du vide et des ascenseurs, ça m'est égal. Il fonctionne, c'est l'essentiel.

Au bloc, je vois les chirurgiens, un jeune médecin très gentil qui semble diriger les opérations et qui ne va pas me quitter.

« Tu vas sentir des picotements dans la cuisse, on l'endort. Tu sens que ça chauffe ? »

Je ne sens plus rien, c'est déjà fait. Nue, j'ai froid et je demande une couverture chauffante.

« On va commencer. »

Ils installent un rideau devant mes yeux. Je ne verrai rien, mais j'entendrai tout. Ils commencent à ouvrir la cuisse, je regarde le médecin.

« Où en sont-ils ? Que font-ils ? »

Savoir, comprendre me rassure. J'ai besoin de me raccrocher au réel.

« Tu veux vraiment savoir ?

— Oui, je veux savoir ce qu'ils me font.

— Ils sont en train d'ouvrir deux petites fentes, ensuite ils vont mettre des tuyaux dans les artères pour aider le sang à prendre de l'oxygène et à évacuer le gaz carbonique. Après, ils brancheront les tuyaux sur une pompe mobile. Elle n'est pas très grosse, on pourra la soulever, mais elle fera du bruit, un bruit de moteur, et tu ne pourras pas bouger ta jambe droite. »

Une heure passe, puis deux. Je compte les minutes sur l'horloge en face de moi.

« Vous m'avez dit que ça devait durer quatre heures ?

— Oui. Pourquoi ? Ça ne va pas ?

— J'ai vraiment très mal au dos. Ça fait une heure que ça dure. Je n'osais pas vous le dire, mais ça devient insupportable. Je ne ressens plus que ça, j'ai le dos en pierre. »

Mon corps est tendu. Je ne suis pas attachée, mais je ne peux pas bouger sur cette table. Ma nuque était douloureuse au début, car j'étais allongée complètement à plat, alors on m'a mis quelque chose sous la tête pour me soulager, mais la douleur du dos est terrible.

« Dépêchez-vous, la gamine a mal au dos ! »

Je suis leur « gamine ». Ils sont tellement attentifs, gentils, étonnés de me voir sourire, parler, plaisanter même, comme si j'étais en famille. Dans ce moment grave pour moi, j'ai encore cette inconscience de l'enfance et de la jeunesse, cette force qui dit : « Rien n'est fini. La vie est là, qui m'attend. »

Et on me ramène en salle de réanimation après un peu plus de quatre heures d'intervention. Je suis consciente qu'après tout cela il n'y a plus que la greffe, mais surtout l'attente.

Mon cœur est encore là dans ma poitrine, mais je ne l'entends plus, pas besoin de monitoring, il ne bat plus. Il est définitivement arrêté, mort. On ne peut plus rien pour lui, il n'a pas voulu fêter mes vingt ans.

Au moins, il ne m'attaque plus. Je ne l'entends plus battre la breloque, s'arrêter et repartir.

Je regarde l'horloge à ma gauche, la porte de la salle grande ouverte à ma droite. Au-dessus de moi, un éclairage d'enfer, des néons agressifs. Une étagère pleine de produits désinfectants. Un jeune infirmier est présent en permanence, il me rassure un peu. S'il voit que ça ne va pas très bien, il me parle. Voilà, j'ai flirté avec la mort, et j'attends. Pas de télévision pour me distraire, pas de lecture. Je ne souffre plus, mais mon corps est toujours lourd, j'entends le bruit de la pompe contre ma cuisse. Maintenant, on ne peut plus rien d'autre. Je ne peux tenir que trois mois avec cette pompe, mais heureusement je ne le sais pas. Elle n'est pas suffisante pour empêcher l'usure des organes vitaux. Si le corps se dégrade, c'est la catastrophe, on ne peut plus greffer. Je suis alimentée par intraveineuse uniquement. Immobilisée, attachée à cette pompe laborieuse qui me sert de force de vie.

Je suis emprisonnée dans mon corps. La chambre est une prison. L'installation est une prison. Tout est prison. L'euphorie n'est plus là. Je m'efforce de ne pas penser à la suite.

Je suis sortie de l'opération vers 19 heures. Je m'apprête à passer ma première nuit sans cœur. J'attends ma mère, je ne sais pas s'ils vont lui permettre de rester avec moi. Pourvu qu'elle puisse passer la nuit ici !

À 22 heures, la surveillante arrive, je me demande ce qu'elle va encore m'annoncer.

Panique. Mais elle a le sourire.

« Aline, on a un cadeau pour toi.

— Un cadeau ? C'est ma maman ?

— Non, non, on a un cœur, on a un donneur. »

Un donneur ! Si vite ?

« C'est mon cœur ? Il est là ? Emmenez-moi !

— Attends, attends, il faut d'abord préparer l'opération. Ce n'est pas si simple, et puis ce n'est pas encore tout à fait sûr, il faut vérifier toutes les compatibilités. Nous devons être certains, tu comprends. Il faut que ce cœur te convienne parfaitement, même s'il n'y a jamais de risque zéro. Tu dois être patiente. On va appeler ta maman. »

Elle est *presque sûre*, mais elle ne me l'aurait pas annoncé s'il n'y avait pas déjà le principal... Le même rhésus sanguin, c'est la première exigence. Je sais peu de chose sur la greffe à ce moment-là, mais de cela je suis sûre. Le reste doit être compliqué.

Mais pourquoi moi ? Pourquoi si vite ? On m'explique qu'après l'arrêt cardiaque irréversible, en fonction de ma maladie, de mon âge, de l'urgence, j'ai été inscrite en premier sur la liste d'attente française des dons d'organes.

C'est bien la première fois que je suis première en quelque chose ! En classe, j'ai toujours été bien placée, mais jamais première. Je n'avais pas l'esprit de compétition et, tant que je m'en sortais bien, je jugeais inutile d'en rajouter : c'était fatigant, ça ne servait à rien, et ça faisait des jaloux.

Un cœur… Mon cœur. J'ai dit « mon » cœur instinctivement. Je ne pense même plus à l'autre, *l'ancien*. Ni à l'énorme opération qui m'attend. Ni à l'après. Je réalise encore mal la chance qui se présente, car c'en est une ! Je trouve impressionnant, presque magique, tout ce que les médecins font pour moi. Intérieurement, je me dis : « C'est dingue ! Je suis morte à 15 heures et des poussières. Quatre heures plus tard, j'ai une pompe, et trois heures après, on m'annonce que mon cœur arrive ! Impressionnant ! Il arrive pour moi ! »

Je ne me demande pas d'où il vient. Il va me sauver, c'est tout. Beaucoup de gens pensent à la greffe en elle-même avec angoisse : « Je vais avoir le cœur de quelqu'un d'autre… » Ça me semble inutile, je n'y vois que le moyen d'avoir la vie sauve, cœur de quelqu'un d'autre ou pas. On m'aurait dit qu'on me mettait un cœur mécanique, j'aurais dit « d'accord » ; qu'il allait être placé à droite, très bien ; on m'aurait dit n'importe quoi, j'aurais accepté. Mais par pitié, sortez-moi de là, je ferai ce que vous voulez, du moment que vous me sortez de là. J'attendais, j'étais en mode pause dans ma vie. J'attendais qu'un médecin arrive et me dise : « Vas-y, Aline, appuie sur la touche lecture, ça va recommencer. »

J'attends de vivre. Je ne pense même pas au risque, au fait que ça peut ne pas marcher. Ça marchera. Rien n'a échoué jusqu'ici, sauf ma mort.

Je suis glacée de la tête aux pieds. Rien ne me réchauffe. C'est déprimant de ne plus sentir ses doigts, ses jambes, son propre corps. Ma mère et ma tante arrivent ensemble essoufflées, agitées, enveloppées de blouses, coiffées de bonnets stériles. Ma mère me caresse la main pour me rassurer, je ne sens rien. Je suis en colère. Je ne plaisante plus, ne souris plus. Malgré cette merveilleuse nouvelle – l'arrivée de mon cœur –, je suis submergée par une lassitude que je n'ai jamais connue. Je l'exprime en disant que « j'en ai marre », c'est ma façon de dissimuler la souffrance, le mal-être ou l'angoisse.

« Ça va aller, ne t'inquiète pas. Tout ira bien, mais repose-toi…

— Je ne veux pas me reposer, j'en ai marre. »

Maman ne m'a jamais vue comme ça. Plus tard, elle m'a dit : « Tu m'as jeté un regard noir que je ne te connaissais pas. Et j'ai commencé à m'inquiéter en me disant que cette fois tu allais craquer. Tout ce que tu avais gardé en toi jusque-là est ressorti sous forme de colère. Un regard sombre, transperçant, un regard qui tue. »

Ce qu'elle ne me raconte pas, c'est la mésaventure que ma tante et elle ont vécue en se précipitant à l'hôpital, dès le coup de téléphone annonçant que la greffe était possible.

J'imagine facilement leur émotion. De la joie, de

l'angoisse, du soulagement, et voilà ma mère qui décide de se diriger aussitôt vers l'hôpital, se disant : « Je veux voir ma fille avant qu'elle parte en salle d'opération. » On ne sait pas quand le cœur peut arriver. Il peut être déposé n'importe quand, et ça n'attend pas, un cœur. Et ça peut mal se passer. Une fois qu'il est extrait du donneur, il reste quatre heures de délai pour la transplantation. Ma mère et ma tante courent donc sur le chemin les menant de l'hôtel à l'hôpital. Elles sont seules, mon beau-père et mon petit frère sont repartis, ils attendent des nouvelles chez nous. Elles sont à pied parce qu'elles n'ont pas trouvé de taxi, et ne veulent pas perdre de temps à attendre. Comme c'est à dix minutes à pied de l'hôtel, elles courent sur le boulevard.

Mais dans Paris, le soir, traînent des gens bizarres, et elles se font agresser sur le chemin. Un homme essaie d'arracher le sac de maman. Alors, prise de rage, elle ne fait ni une ni deux, balance un coup de pied magistral dans le bas-ventre de l'agresseur et se sauve en vitesse avec son sac ! Heureusement, elles étaient déjà tout près de l'hôpital, où elles se sont réfugiées.

Ma mère m'a dit plus tard, dans un langage digne d'une cour de collège : « Je ne pensais plus à rien. Ce "connard me faisait chier" alors que tu étais à l'hôpital, avec cette pompe, et que tu attendais ton cœur ! En temps normal, je ne sais pas si j'aurais réagi comme ça, je serais peut-être restée tétanisée. Mais là, ça dépassait le supportable. Je l'ai "latté, ce connard". Je n'avais qu'une envie, te rejoindre, et il était en travers de mon chemin ! »

Ma mère serait capable, je crois, d'affronter un

lion, s'il voulait me manger ! C'est ça, une maman. Quant à mon beau-père, il a failli devenir fou quand le téléphone a sonné pour lui annoncer que j'avais fait un arrêt cardiaque. En rentrant à la maison pour reprendre son travail, il pensait me laisser en sécurité à l'hôpital, en se disant qu'au pire j'y attendrais la transplantation, mais que mon cœur allait tenir. Maman n'osait pas lui annoncer la mauvaise nouvelle, c'était trop dur pour elle. Elle a donc demandé au chef du service de réanimation, le Dr Durein, de lui téléphoner les détails sur la pose du cœur artificiel. Et il a eu la peur de sa vie.

À Paris, l'équipe qui me suit dispose d'un cœur artificiel techniquement élaboré et de dernière génération. Dans d'autres centres de France, plus démunis, les malades n'ont qu'un mois devant eux. Il croyait donc qu'il ne me restait plus qu'un mois de répit, et que, sans greffe urgente, il n'y avait pour seule issue que la mort. Il me voyait déjà dans un cercueil. Il était tellement en colère au téléphone que le médecin n'arrivait pas à placer un mot. Et notamment pour lui dire que non seulement le répit était bien plus long, mais que j'étais en première position sur la liste d'attente. Pour se calmer, il est allé voir nos chevaux. Ma mère a dû le rappeler ensuite pour tout lui expliquer.

J'attends, mais les autres aussi attendent – mes parents et mon frère, mon cousin et ma tante, ma grand-mère. Mais je ne pense qu'à moi, c'est ma vie qui est en jeu. Et elle est terrible, cette attente. Le cœur muet, le corps en plomb. Combien de temps ?

Il attend, ce corps. Il attend pour mieux repartir, sans savoir ce que l'avenir lui réserve. Il attend juste de pouvoir se relever. J'ai des sursauts d'angoisse. J'essaie de ne penser à rien. De ranger cette angoisse de l'attente dans une case, de me dire : « C'est bon, tu penseras quand ils viendront te chercher, quand ils te désinfecteront, quand tu seras dans la salle d'opération. Là, tu commenceras à t'inquiéter, mais pour l'instant ça ne sert à rien, détends-toi. »

Conseil difficile à suivre. J'attends ce cœur avec une sorte d'excitation mêlée d'angoisse.

Ça me rappelle un peu le moment où j'attendais le résultat de mon permis de conduire. J'ai toujours voulu conduire, c'était vraiment un beau cadeau pour moi, ce papier rose. Sûrement parce qu'il représentait une liberté nouvelle, dont je savais que j'allais pleinement profiter. À l'idée de ne pas l'avoir et de devoir le repasser, j'en avais mal au ventre, une boule dans la gorge. Et ça tournait dans ma tête : « Je dois l'avoir, il est impossible que je ne l'aie pas ! Oui… mais si je ne l'ai pas… » Un trait de mon caractère, c'est l'horreur de l'échec. La seule idée de rater quelque chose, que l'enjeu soit grave ou non, me met en colère contre moi. Et si je devais songer, ne serait-ce qu'un instant, à la possibilité que cette greffe soit un échec, que ce cœur ne soit pas le mien – pour une raison biologique, un incident ou n'importe quoi d'autre –, cette idée me mettrait en rage. Si l'on ajoute à cela mon impatience chronique, et l'enjeu vital de cette attente, ne pas penser devient inhumain. Alors je prie, toujours en colère, parce que je m'en veux d'avoir oublié en partant de la maison la croix que je porte autour du cou, tellement j'étais fatiguée. En arrivant à l'hôpital, j'ai dit à ma mère :

« Maman, c'est la poisse, je n'ai même pas de croix avec moi.

— Arrête, Aline, ça suffit, ce sont des superstitions.

— Non, non, c'est la poisse. »

J'avais besoin de serrer cette croix dans la main. J'ai prié quand mon bras s'engourdissait, et que je me sentais si mal. « Je t'en prie, mon Dieu, fais quelque chose. Quoi qu'il arrive, fais-le très vite. Trouve une solution, n'importe laquelle. Libère-moi. »

Mes parents sont croyants tous les deux. Mais pas de la même façon que moi. Maman m'accompagne à la messe, mais leur pratique n'est pas assidue, alors que je fais une prière tous les soirs ou tous les matins. Je pense qu'ils ont plus confiance en la médecine qu'en la religion. Alors que pour moi, c'est l'inverse. C'est paradoxal, car la médecine sauve le corps, et j'en ai grandement besoin en ce moment ! Mais croire et prier m'a beaucoup aidée jusqu'ici, c'est si rassurant de se dire : « Je ne suis pas toute seule, Il me surveille… »

La colère est mauvaise conseillère. J'essaie de la laisser de côté, mais c'est impossible.

Maman ne dit rien, elle se contente de rester près de moi.

Je veux qu'on me fiche la paix, qu'on arrête de me dire « ne t'inquiète pas ». Je ne crois plus en rien, sauf en Dieu. J'ai prié au moment d'entrer en salle d'opération pour le cœur artificiel. « S'il te plaît, garde-moi. Garde-moi là où je suis ! »

Avant, je lui avais dit : « Emmène-moi. » Mais ce n'était pas une prière, c'était un souhait. J'étais trop fatiguée, j'avais envie de partir, que tout cela cesse.

Maintenant, il faut que je tienne le coup pendant cette attente.

« Repose-toi, ferme les yeux, tu en as besoin, tu es crevée…

— Non, je n'ai pas envie.

— Mais ne t'inquiète pas, ça va aller.

— Arrête, je n'en peux plus ! »

À partir de là, plus un mot de ma part. Maman me tient la main. Je ne sens rien, mais je sais qu'elle est là. Je fixe le mur en face de moi. Comme cette dame que j'ai vue en soins intensifs en train de fixer un point dans le vide, je ne bouge plus. Je ne regarde personne, ni ma mère ni ma tante. Uniquement le mur. Je suis dans un état second, en mode économie. Le mode veille d'un téléphone portable ou d'un ordinateur. J'ai tout arrêté. J'attends.

Bonne chance

Minuit. Il y a déjà deux heures que je fixe ce mur sans bouger, colère rentrée.

Quand ils viendront me chercher ou me dire quelque chose, je parlerai, mais pas avant.

J'enrage, ce cœur est peut-être à quelques mètres de moi, je l'attends, il m'attend, il veut recommencer à battre. Pour lui aussi c'est une seconde vie, même si ce n'est qu'un muscle. Il est arrêté en ce moment, quelque part, et il attend de redémarrer, de repartir pour une autre histoire. Quand l'infirmière m'a dit à 22 heures « il y a un cœur pour toi », ce n'était pas le cœur d'un autre, c'était « celui-là ». C'était « mon » cœur, le mien. Même s'il était encore chez mon donneur. L'infirmière m'a dit : « On a UN cœur », j'ai répondu instinctivement : « Ah ! vous avez MON cœur. »

Je l'ai vue sourire. Elle a pensé : « C'est bien. Psychologiquement, elle l'accepte. »

Je sais que certaines personnes en attente de greffe craignent d'accueillir un organe étranger. Pas moi. J'ai hâte qu'on me le donne, ce cadeau. C'est une course contre la montre pour lui comme pour mon corps. Quand vont-ils enfin l'apporter ? Je suis à l'affût de ce cœur, un peu comme une chasse au trésor. Il est mon trésor, c'est comme s'il m'appartenait déjà. Mais je ne peux pas l'atteindre. Ni savoir où il est.

Pourquoi une si longue attente ? Je commence à douter de ma chance, je me dis : « Ne te fabrique pas de faux espoirs. Si ça se trouve, ce cœur ira chez quelqu'un d'autre. Il n'arrivera pas jusqu'à toi. Il va y avoir un *bug* dans le programme, un truc qui dira “pas compatible”, et on viendra te dire : “Aline, il va falloir attendre le prochain.” Là, ce sera une catastrophe. Je ne pourrai jamais espérer une nouvelle fois, attendre encore. »

Que faire si aucun cœur n'est compatible ?

Je me concentre sur un optimisme volontaire : « Mon cœur est là. » Je dois y croire !

Mais le doute me poursuit. Pourquoi prennent-ils autant de temps ? Si c'est aussi long, c'est que c'est foutu.

Déjà 1 heure du matin. Je n'y crois plus. Je regarde tourner l'horloge en haut à gauche du mur. Elle est ronde et bleu marine, ses chiffres sont énormes. L'aiguille avance et mes chances reculent. C'est épuisant d'être fixée sur ces chiffres. Il y a des semaines que je ne cesse de regarder l'heure – mon réveil aux chiffres rouges pendant mes nuits d'insomnie, et maintenant cette pendule bleue…

Dépêche-toi, mon cœur, je suis prête à reprendre le film de ma vie, mais, si tu m'échappes, je devrai flirter de nouveau avec la mort. Et je n'en ai plus le courage.

Si je pouvais te guider vers moi en pensée, te persuader : « Allez, viens, s'il te plaît, sois compatible ! »

Que l'on vienne déjà me dire ça. Ensuite, je ferai en sorte que ça marche entre toi et moi. Et enfin, nous nous débrouillerons pour que ça dure.

Je ferme les yeux, parce que maman me répète de fermer les yeux, et j'aimerais qu'elle arrête de le dire. Elle a raison, mais je lui crie dessus ; elle a évidemment raison, mais c'est rageant. Je m'en rends compte. Je me dis : « Arrête de t'obstiner et dors. » Ça m'énerve qu'elle ait tellement raison. Je suis faible, tension basse, si je dois être opérée j'ai intérêt à me détendre pour récupérer un peu de forces. Ne pense plus, Aline. Sois raisonnable. Patiente.

Finalement, je me repose un peu. La lumière est tamisée, apaisante, mais j'ai encore ce cœur artificiel contre ma jambe. Et le bruit qu'il fait en pompant m'agace. J'en ai assez de ce machin, cette espèce de pompe grâce à laquelle je survis. Pour moi, ce n'est pas vivre. Tous ceux qui sont passés par là le savent, ce n'est pas une vie mais une angoisse permanente. Attaché à cet engin, on marche dans le couloir de la mort. J'avance dans ce couloir immense, et au bout il y a deux portes : la mauvaise, celle qui ouvre sur la mort à gauche, et celle de droite, la vie. Plus les heures passent, plus je fais de kilomètres, plus je m'approche de la sortie.

Je la vois déjà, cette porte, celle de gauche, et je me dis : « Pas question, je ne veux pas la franchir. »

Vers 1 h 30 du matin, c'est le désespoir. L'infirmière avait annoncé qu'on viendrait me chercher dans la nuit. Ce n'est plus la nuit, c'est le matin, donc c'est fichu. Je revois les cinquante tubes de mon sang que le laboratoire a dû examiner minutieusement. Il y a tant de possibilités pour que ça n'aille pas.

Elle va venir me dire : « Aline, désolée, on a été obligés de donner le cœur à quelqu'un d'autre, il n'est pas compatible. »

Mon corps va se dégrader lentement, au fur et à mesure de l'attente ; les muscles s'affaiblir. Et si j'ai la possibilité d'une autre greffe, j'aurai moins de chances qu'elle réussisse, plus de difficulté à me rétablir. Quant au mental, ce sera trop dur. Il faut qu'on vienne me chercher, il faut me délivrer de ce vertige dans ma tête, de cette balance entre la vie éventuelle et la mort qui plane. Je le veux. Je veux vivre !

Je ne regarde plus le mur blanc devant moi ni la pendule bleu marine. Je regarde la grande porte, bleue elle aussi. J'attends que quelqu'un entre. Ils vont bien finir par arriver.

Si ça ne va pas, qu'ils le disent maintenant, parce que je n'en peux plus. Il faut qu'ils entrent. Je ne lâcherai pas cette porte des yeux le temps qu'il faudra. Elle m'hypnotise.

À 2 heures du matin, la porte s'ouvre ! Trois infirmiers avec des masques, les bras chargés des produits désinfectants que je connais déjà. Ils viennent me chercher ! Ils sont là !

Brutalement, l'angoisse me prend. Au secours, ça y est, c'est parti. J'ai peur du vide.

Ce moment que j'ai si longtemps attendu me flanque la trouille, maintenant. J'ai l'impression de tomber d'un seul coup dans un ravin vertigineux. Comme dans les cauchemars, je plonge et il n'y a personne pour me rattraper. Je suis face à moi-même. Et le seul fait de me retrouver face à moi-même me fait prendre conscience que je suis toute seule. J'ai toujours eu quelqu'un, toujours des béquilles, mes parents et mes proches m'ont tellement entourée que jamais je n'ai eu cette sensation d'absolue solitude.

À cette minute entre la vie et la mort, je vais partir seule. Comment faire ? Je suis entre les mains des autres et ne contrôle rien. Ils me retournent déjà dans tous les sens. Ils me barbouillent de Bétadine sur tout le corps. Heureusement, je suis déjà rasée depuis la première intervention. Je suis complètement nue, gelée. Ma mère panique parce qu'ils arrêtent le cœur artificiel le temps de me désinfecter, puis le remettent en route. Elle devient verte, blanche… Mais je ne comprends pas ce qui lui arrive, car je n'ai pas senti qu'ils avaient arrêté la pompe puisque je ne ressens rien. Ils la coincent entre mes jambes, pour pouvoir évoluer autour de moi.

Je ne dis rien, le cerveau engourdi par l'angoisse de ce départ imminent. C'est à cette minute que, pour la première fois dans ce milieu hospitalier, je tombe sur un imbécile !

Il est très grand. Je ne vois que ses lunettes au-dessus du masque, son regard, pas de nom sur sa blouse. J'ignore qui il est. Il s'adresse à moi avec probablement l'intention de me rassurer :

« Qu'est-ce que tu fais comme études ?

— Je passe un bac littéraire.

— Ah, c'est un sous-bac, ça ! »

Je le regarde, sidérée.

Ce n'est pas la première fois que j'entends qualifier ma filière de « sous-bac ». Encore un qui méprise le littéraire.

Et il ne s'arrête pas là, il continue bêtement :

« Tu sais ce qui va t'arriver après ?

— J'en ai rien à foutre.

— Quand tu vas te réveiller, tu seras intubée. »

Je suis tellement énervée que cette fois j'éclate :

« Écoute, tu me vois bien là ? Tu vois comment je suis ? Il y a une pompe qui me tient en vie, je ne sais pas combien de temps elle va durer. C'est mécanique, je suis nourrie par intraveineuse, je ne sais plus quel goût ont les aliments, je ne sais même plus quel goût ont les navets que je déteste ni quel goût a le chocolat que j'adore, je ne sais plus quelle sensation ça fait de mastiquer ou de boire ! Alors qu'est-ce que j'en ai à foutre d'être intubée ? Au moins, si je souffre en me réveillant, ce sera la preuve que je suis vivante. »

Je le fusille d'un œil sombre. Il se tait. Mais au moment de partir, il ne peut s'empêcher d'ajouter :

« Dis au revoir à ta maman. Fais coucou à ta maman. »

Comme s'il m'emmenait vers la mort, cet imbécile ! Maman est déjà malade de me voir partir, alors je ne dis ni « au revoir » ni « coucou » !

« Maman, ne t'inquiète pas, ce n'est pas grave, si je pars, je pars. Si ça loupe, ils auront tout fait. Je ne peux pas continuer à vivre comme ça. N'aie pas de regrets. »

Sur les nerfs, ma mère demande aux infirmiers :

« C'est vous qui serez avec l'équipe qui va l'opérer ?

— Non, non, c'est pas nous.

— Alors, emmenez-la vite vers l'équipe médicale qui va s'occuper d'elle. »

Ce type était là seulement pour me désinfecter et me transporter ? Non mais, de quoi se mêle-t-il ! Il aurait dit simplement, avec un regard souriant : « Ça y est, on y va, hop ! c'est parti », là, ça collait. Mais « dis au revoir à ta maman », « tu passes un sous-bac », « tu vas te réveiller avec plein de tuyaux », c'est dingue dans un moment pareil ! J'ai eu besoin de beaucoup de force pour lui clouer le bec, mais quand on est en colère, on ne mesure pas ses paroles. J'ai sorti tout ce que j'avais sur le cœur. Je ne lui demandais rien, j'étais déjà dans un sale état, et il venait me casser le moral ? Qu'il change de métier.

En dix minutes, je suis toute jaune de Bétadine. J'ai tellement froid que je ne peux plus m'arrêter de trembler. Le sang circule mal, et on ne pose sur moi qu'une chemise de coton jaune pâle, qui ne saurait me réchauffer.

Ils me montent dans l'ascenseur. J'arrive au bloc opératoire, je vois entrer les chirurgiens et l'anesthésiste. Je ne connais personne. Je les entends manipuler les ustensiles.

D'autres gens viennent – des infirmiers, des chirurgiens, des assistants –, et je me souviens encore, alors que je fermais déjà les yeux, avoir vu arriver des équipes supplémentaires. Il y avait au moins deux personnes pour se relayer sur chaque tâche. Un cœur, ça n'attend pas.

Ce sont des gens qu'on a appelés d'urgence, qui sont venus pour moi, pour me sauver la vie. Ils étaient chez eux, certainement en train de dormir, on les a sortis de leur lit en leur disant : « Il faut opérer la petite jeune, on a un cœur… » C'est une mobilisation générale dans l'urgence. Comme pour toute transplantation. Mais, ce jour-là, ils sont venus uniquement pour moi et c'est émouvant de voir tout ce déploiement d'hommes et de femmes qui savent faire des choses si extraordinaires. Ce sont de véritables héros à mes yeux.

J'avais demandé au professeur, après l'arrêt cardiaque, le pourcentage de réussite de ce genre d'opération.

« 99,5 % de réussite.

— D'accord, espérons que je ne serai pas dans les 0,5 % ! »

J'aurais voulu savoir aussi comment se passait l'intervention sur le plan technique. Mais là, il m'a répondu :

« Aline, il vaut mieux qu'on ne te l'explique pas. Si tu veux en parler après, on en parlera. »

Mieux vaut en effet ne pas faire travailler mon imagination, j'en ai déjà trop. Au lycée, lorsque je contemplais le système cardio-vasculaire, j'étais fascinée par sa complexité.

Je ne vois que ce qui est au-dessus de moi et, comme je ne dois pas bouger, je n'ai que la mobilité de mes yeux pour essayer d'apercevoir ce que je cherche. Mon cœur. J'ai déjà vu à la télévision les mallettes dans lesquelles sont transportés les organes, et j'essaie de trouver une mallette à droite ou à gauche. Mes yeux tournent dans tous les sens. Et je me dis : « Tu ne vas pas oser leur demander ! » Ce serait gênant pour eux comme pour moi. Et puis ça me flanquerait la trouille.

Mais je cherche quand même, pendant toute la préparation – qui ne dure pas très longtemps, car tous ces gens vont vite, concentrés sur leur tâche. Dix minutes, un quart d'heure, pas plus. Je voudrais que ça dure plus longtemps maintenant que je suis là, retarder le moment où je ne les verrai plus s'organiser autour de moi, même si je ne vois pas tout. Toujours ce besoin d'être rassurée, de comprendre avant de se lancer. Je scrute tout ce que je peux depuis ma position inconfortable : les machines autour de moi, les chirurgiens qui arrivent, les infirmières en va-et-vient par une porte battante à gauche. Je vois les équipements impressionnants, des machines partout. Mais pas de mallette.

Je voudrais tellement le voir, être sûre qu'il est vraiment là, qu'ils ne m'ont pas menti…

Je veux toucher la réalité. C'est tellement incroyable, j'ai tellement attendu, que jusqu'au dernier moment je doute : « Ce n'est pas possible, quelque chose va mal se passer. Il n'est pas là, il va arriver en retard. Je ne vois rien ! Où est mon cœur ? »

C'est l'instant, le moment où je ne dois plus cogiter. L'anesthésiste dit :

« Ma belle, on va t'endormir !

— Je n'aime pas trop. Il n'y a pas moyen de faire autre chose ?

— Non, là, Aline, aucun moyen de faire autrement ! »

Je suis stupide. Comme si une anesthésie locale suffisait pour m'ouvrir la poitrine !

« Bon, ben, à tout à l'heure, bonne chance. Gardez-le au chaud, ce cœur. »

Il sourit, penché au-dessus de moi. Je ne vois plus que ses yeux.

« Allez, on se revoit dans quelques heures.

— Dans combien de temps ?

— Dans neuf heures, ce sera fini, mais tu te réveilleras plus tard. »

Une fois de plus, il arrivera ce qui doit arriver. Je suis entre leurs mains. C'est un peu se retrouver entre les mains de Dieu, puisqu'elles redonnent la vie. J'ai encore le temps de sourire et de dire :

« Bonne chance…

— Ne t'inquiète pas. »

À partir de là, c'est le noir total. La vie s'arrête.

Finalement, je suis partie dans ce long voyage de neuf heures en paix. Je leur souriais, ils allaient tout faire pour moi. Je connaissais leur conscience professionnelle et, même si les choses devaient mal se passer pour moi, eux auraient tout tenté.

C'est en pensant à eux que je suis partie en souriant, pour leur dire merci d'avance, merci d'être venus, merci de faire tout ce que vous pouvez pour me rendre la vie. Eux aussi m'ont souri, en me disant gentiment : « Ne t'inquiète pas. »

À partir du moment où de grands médecins disent en souriant de ne pas s'inquiéter, on peut partir le cœur léger. Je n'en avais plus d'ailleurs… il était d'autant plus léger. Je ne pensais plus du tout à ce vieux cœur qu'ils allaient enlever de ma poitrine. Depuis qu'il s'était arrêté, il n'existait plus pour moi. Il m'avait tellement pourri la vie que je n'avais pas de pitié pour lui. Je lui en voulais même de m'avoir gâché tant de moments toutes ces années, en s'arrêtant, en repartant, comme un vieux moteur, en m'obligeant à penser à lui à chaque effort.

Je l'ai donné pour la recherche, afin qu'il serve au moins à quelque chose.

Ainsi, ils ont figé mon existence douze heures durant. Une pause plus longue que prévu et dont je ne sais rien, sauf qu'elle devait être aussi belle qu'une symphonie entre les mains d'un brillant orchestre.

Naissance

Premier réveil. Première sensation de réalité.

J'ouvre les yeux, je regarde autour de moi. Il fait jour. Je sais que je suis à l'hôpital, mais dans quel service, à quel étage ? Ai-je été opérée ? Ai-je un cœur ? En tout cas, j'ai des électrodes, donc je cherche le monitoring. Je vois des diagrammes. Il bat ! Il bat ! Je vois les oscillations sur la machine. Je les fixe pendant une bonne dizaine de minutes. Mon cœur d'avant n'était pas régulier, il chutait puis remontait. Que fait celui-là ? Il est à soixante-dix-huit pulsations et n'en bouge pas. C'est stupéfiant. Donc, j'ai été opérée. C'est mon cœur tout neuf que je vois battre régulièrement, à une allure que je n'ai jamais connue.

Ma poitrine bouge au même rythme, tellement il est près de ma peau. Je la vois battre, c'est impressionnant. Je suis vivante et parfaitement consciente.

J'ai dû dormir douze heures après l'anesthésie. Je me suis réveillée, sans tube dans le nez pour l'oxygène – ils l'ont sûrement retiré pendant que je dormais, donc je n'ai rien subi des stupides prédictions de mon badigeonneur de Bétadine. Mais je porte toujours l'éternelle perfusion au bras, qui a beaucoup gonflé. Il est tout bleu. Je ne ressens aucune douleur, seulement l'impression d'avoir une enclume sur les côtes. Je respire, mais c'est difficile.

Rien à voir avec l'essoufflement, mais j'ai l'impression d'un corset qui m'enserre. On m'expliquera plus tard qu'après avoir écarté les côtes flottantes, il faut effectivement les maintenir à l'aide d'une sorte de filet métallique.

Mes idées sont parfaitement claires. Je me suis réveillée normalement, comme on ouvre les yeux le matin sur la lueur du jour. Le gentil infirmier qui me tenait compagnie est toujours là.

« Ah ! Aline ! Ça va ? »

Tout est tellement net, normal dans mon esprit que je me demande encore si on m'a réellement opérée. Pourtant, d'autres indices me le confirment. Je reconnais la porte bleue, je dois être en réanimation. Apparemment dans la même chambre, mais j'ai du mal à la reconnaître pour ne l'avoir vue que la nuit. Quelle heure ? Quel jour ? Quel mois sommes-nous ? Je ne sais pas. Je me souviens de mon prénom, de ma famille. Je n'ai pas mal à la tête, l'angoisse a disparu, tout va bien. Mais j'ai soif. Une soif terrible, un dessèchement de désert ! Plus une goutte de salive. Si je pouvais, je lécherais les murs !

Je me plains à l'infirmier, il est jeune, sympathique :

« S'il te plaît, donne-moi de l'eau. J'ai trop soif.

— Tu ne peux pas boire, Aline, pas encore. On vient seulement de te désintuber.

— Tant pis, j'ai trop soif. Il faut que je boive. Donne-moi quelque chose.

— Je ne peux rien faire. Je vais prévenir la surveillante. »

Et il s'en va. Avertie de mon réveil, la surveillante vient me voir :

« Alors, Aline, comment ça va ?

— Parfait.

— Tu ne ressens rien ?

— Si ! J'ai soif.

— Ah ça, mon petit, je n'en ai rien à faire que tu aies soif. »

Et la voilà repartie. Sur le moment, je n'ai pas compris qu'elle plaisantait. Avec son allure un peu sévère, ses lunettes, je ne m'attendais pas à ce « je n'en ai rien à faire » ! L'essentiel était que je sois en forme, et s'il n'y avait de mal que la soif… ce n'était pas grave.

Le jeune infirmier me l'a expliqué. Il a pitié de moi et voudrait me faire plaisir, seulement voilà…

« Pas le droit, trop dangereux. »

Chaque fois qu'il revient, j'insiste :

« S'il te plaît, donne-moi de l'eau, fais quelque chose.

— Je vais te donner des compresses humidifiées, c'est tout ce que je peux faire. »

Je me jette dessus, je la tète comme un bébé, aspirant toute l'eau.

« Arrête, il ne faut pas faire ça.

— J'ai trop soif, encore… Regarde, ça ne m'a rien fait, je vais bien. Donne-moi de l'eau. »

Il me tend une autre compresse, à peine humide. J'en tire deux gouttes.

« Cette fois, ça suffit. »

Je ne savais pas que la soif était si insupportable. Je suce cette compresse comme si j'étais mourante dans le désert. Et l'infirmier revient toutes les demi-heures entendre la même chanson : « Je meurs de soif. »

Malgré la torture, une pensée me réjouit : si je meurs de soif, c'est que je suis bien vivante. J'attends de mourir de faim pour savoir si mon estomac a récupéré ses fonctions ! Pour le reste, je ne vois rien sur mon corps. Je suis enveloppée dans ma propre chemise de nuit, ce qui est déjà un grand progrès par rapport aux liquettes d'hôpital ! Je me retrouve un peu chez moi.

Je n'ai pas envie de regarder la cicatrice. D'abord parce que je ne verrais sûrement rien d'autre qu'un bandage, mais surtout parce que mon obsession est de regarder mon cœur battre sur l'écran. J'y reviens sans cesse, passionnément, je ne m'en lasse pas. J'ai peur de perdre un épisode comme un spectateur assidu ne veut pas rater une image de son film. Un cœur qui bat, un vrai !

J'ai peur qu'il parte. Dès que le chiffre des pulsations varie un peu, parce que je bouge ou que je parle, je m'inquiète. Il y a d'autres courbes que je ne connais pas. J'appelle l'infirmier pour savoir ce qui se passe.

« C'est parce que tu remues, ne t'inquiète pas.

— Cette courbe-là, elle indique quoi ?

— C'est l'oxygénation du sang.

— Et celle-ci ?

— C'est ta tension. Elle est à 11 actuellement.

— Qu'y a-t-il dans la perfusion ?

— Des corticoïdes pour aider ton corps contre le rejet. Écoute, Aline, les détails, on t'en parlera plus tard. Pour l'instant, le plus important est de te reposer. »

Me reposer ? Impossible ! Je suis trop excitée, trop heureuse, trop soulagée !

Les infirmiers m'ont souri, la surveillante m'a souri. Ce ne sont plus les visages crispés que je croisais en arrivant à l'hôpital. Tout va bien. Ils ne m'ont jamais rien caché, donc s'ils me sourient c'est qu'il y a matière à le faire.

Ce premier jour, j'ai l'impression de tout redécouvrir : la lumière, les couleurs, et mon corps que je ne sens plus comme avant. Ce n'est plus un poids. Il est devenu léger, comme je l'imaginais lorsque je rêvais d'une guérison… Un corps normal. Mon bras gauche se rappelle à mon souvenir à cause de l'enflure de la perfusion, mais je n'y prête pas attention : même s'il est bleu, il est normal. Et il y a ce cœur que je vois battre, qui tape dans ma poitrine. Il me rassure, il est là et il ne va pas s'envoler. Mais il bouge tellement ! L'autre cœur, trop gros, était une véritable enclume et je ne pouvais rien faire avec lui. Je ne le sentais que lorsqu'il allait mal et qu'il s'arrêtait une fraction de seconde. J'avais mes rituels pour le faire redémarrer : je m'asseyais, me redressais pour prendre mon souffle et vider mes poumons. Alors il repartait, difficilement. Et chaque fois, l'angoisse de l'avenir me taraudait. Il était reparti, mais jusqu'à quand ? Le soir même ? Le lendemain ? J'en avais tellement assez de ce moteur inutile qui encombrait ma vie ! Chaque battement supplémentaire était un sursis, même les battements étaient irréguliers et connaissaient des ratés. Cette préoccupation constante était épuisante.

Et voilà que, par un miracle dont je ne mesure pas encore toute l'étendue, dans ma torpeur du réveil, je sens ce qu'est la vraie légèreté, un bien-être total. Mental, parce que je me sens libérée d'un étau d'angoisse qui me tenaillait depuis si longtemps. Physique, parce que mon corps n'est plus pesant et que le cœur n'est plus lourd.

Vers la fin, je n'avais plus de répit. J'avais tout le temps peur, il m'arrivait même d'insulter mon cœur pour me distraire de cette peur :

« Mais qu'est-ce que tu me fais ? Arrête de dérailler ! Merde ! Tu veux exploser ? »

Il n'a pas explosé, il s'est éteint comme un pétard mouillé.

Mon cœur tout neuf est deux fois plus petit. Et il ne s'arrête pas, lui. Il continue son chemin, tranquille, régulier, parfait. Il m'impressionne, mon cœur !

Mon cœur cadeau est à l'aise, bien dans son élément. Il est content d'être là : je le vois bouger, et c'est sa façon à lui de se manifester, de me dire : « Je suis là, tout va bien, maintenant, je m'occupe de tout. »

Je suis heureuse, épanouie. Ivre de désirs enfouis.

Comme une liste de cadeaux dans une lettre au père Noël, je ne me lasse pas d'en énumérer le contenu et de m'interroger sur tout ce que je vais pouvoir faire. Du sport ? Lequel ? J'ai envie de reprendre le tennis de table – à huit ans, j'en faisais en compétition. De l'escrime, je peux aussi : je vais faire de la compétition. Et le basket ? C'est envisageable. Et je peux redevenir commissaire de police, je peux tout faire. Tiens, je vais faire les magasins, j'ai envie de changer de garde-robe, d'acheter des jupes, des chaussures à talons, de prendre soin de moi. J'avais tout laissé tomber depuis quelque temps, depuis que mon cœur s'était mis à se rappeler à mon souvenir. Je traînais en baskets, je m'habillais n'importe comment, je m'en fichais. C'est bien fini, tout ça. Cette fois, je vais faire comme les jeunes filles de mon âge : les boutiques de fringues ! Je vais changer de coupe de cheveux. Je vais sortir en boîte, aller au bowling ! J'ai envie de tout faire, de conduire, de retrouver ma voiture, d'aller au lycée, de manger les crêpes à la béchamel de maman. J'ai envie de regarder *Blanche-Neige et les sept nains*, que je n'ai pas vu depuis des années – c'est idiot mais ça me manque.

Heigh-ho, heigh-ho ! On rentre du boulot !...

Tout me passe par la tête, le jour de ce réveil.

Tiens, il fait beau dehors, il y a du soleil, j'ai envie de marcher. De longer des rues et des boulevards, de regarder passer les gens. De lever la tête vers le ciel, et d'être éblouie par le soleil !

Une fée est arrivée avec une baguette magique, qui a tout changé. C'est l'euphorie du réveil, qui s'amplifie à mesure que je me rends compte des changements qui vont être possibles dans ma vie.

L'infirmier m'a aidée à me tourner sur le côté, pour soulager mon dos, et je me suis finalement endormie pour quelques heures. Pourtant, dans une chambre de réanimation, c'est difficile. Il y a du bruit, de la lumière. Certains patients souffrent, ils crient. D'autres sont tellement drogués pour éviter la douleur qu'ils divaguent. Un pauvre homme réclamait sa femme, et l'infirmière a eu beau lui dire qu'elle était morte, il répétait sans cesse : « Je veux voir ma femme. » Et il a arraché ses perfusions, ils ont été obligés de l'attacher. C'est impressionnant. Je suis seule dans une chambre stérile, mais j'entends tout ce qui se passe chez mes voisins. Les hurlements surtout me font sursauter à chaque fois. Je m'enfonce sous la couette pour leur échapper. Avant l'opération, je hurlais en silence, je ne l'extériorisais pas. Un hurlement intérieur, le sentiment de bouillir avec cette envie folle que le cri sorte enfin. Pour l'empêcher, je me disais : « Tais-toi, il y en a d'autres qui attendent leur cœur, tais-toi. » Certains n'ont manifestement pas cette ressource…

La surveillante sympathique – « Je n'en ai rien à faire que tu aies soif » – m'annonce que ma maman est venue prendre de mes nouvelles, mais qu'elle n'a pas encore le droit d'entrer dans ma chambre. Mes défenses immunitaires sont trop faibles. Le moindre microbe, inoffensif pour n'importe qui, risquerait de m'affaiblir davantage. Je reçois des magazines stérilisés sous plastique. Au mieux, je pourrai recevoir des visites à la fin de la première semaine. Quant à la sortie… impossible à prévoir. Si tout va bien, on me changera de chambre et j'aurai au moins la télévision et le téléphone. Moi qui croyais que j'allais pouvoir galoper dehors avec mon nouveau cœur, c'est une désillusion ! Je croyais que le plus dur était passé, mais je commence à comprendre qu'il me reste un long chemin à parcourir. Je viens de vivre le plus facile : j'étais passive. Maintenant, c'est à moi de jouer pour que mon corps profite de l'énergie que mon nouveau cœur doit lui apporter.

Le lendemain, on me donne de la soupe en me recommandant de manger doucement, mais j'ai tellement soif depuis mon réveil que, dès que l'infirmière a tourné le dos, je l'avale d'un trait.

« Aline, qu'est-ce que tu as fait ? Tu vas vomir…

— Non, ça va aller… »

Mais si, forcément, les nausées viennent. Et je me fais engueuler :

« Tu n'auras plus rien jusqu'à ce soir, plus d'eau, rien. »

Le soir, j'ai retenu la leçon : gorgée par gorgée. Je demande une paille mais, comme il n'y en a pas, on me ramène un bout de cathéter à la place.

Le lendemain, j'ai droit à un peu de viande. L'infirmière reste à côté de moi pour voir comment je m'en sors. Et enfin, je passe au niveau supérieur : le plateau-repas ! C'est la vraie convalescence, le repos bien mérité.

Maman m'apporte des magazines, mais la première chose que je lui ai réclamée, c'est une croix, puis une peluche. J'ai besoin d'objets de « chez moi ». Ma tante a amené *La Princesse de Clèves*. Je n'arrive pas à me concentrer sur l'histoire. Moi qui d'habitude avale un livre en quelques heures, je relis trois fois la même phrase en pensant à autre chose. Ma cervelle ne s'accroche que sur les bêtises *people* des magazines.

Au bout de trois jours, on vient me lever. Je suis enthousiaste, enfin je vais pouvoir bouger, me dégourdir. À peine redressée dans mon lit, j'ai déjà la tête qui tourne. J'attends cinq minutes que ça passe. Ça va mieux, mais je dois procéder par étapes et m'asseoir maintenant au bord du lit. Attendre cinq minutes encore avant d'avoir l'autorisation de me mettre debout et de marcher. Elles sont deux à m'accompagner, mais bien plus petites que moi. Et si je m'écroulais sur elles ?

« Mais non ! Tu vois le siège là-bas ? Tu vas y aller, on reste à côté de toi, et tu vas t'asseoir pour manger. »

D'accord. Je commence à marcher, à tituber, et je leur tombe dessus. Je les avais prévenues. Heureusement, je suis encore près du lit, et elles ont la force de me rasseoir. J'ai un drain sur le ventre, un autre à l'aine : pas facile de faire un pas en tenant cet attirail d'une main.

« C'est pas grave, tu vas encore manger allongée pour aujourd'hui. Demain, on réessaiera, et on enlèvera les drains. »

Je replonge dans mes mots croisés. J'y ai trouvé un moyen de me concentrer sur quelque chose, moi qui n'en faisais jamais. Je m'ennuie tellement que tout y passe : mots fléchés, mots cachés, « cherchez l'erreur »… Le quatrième jour, séance d'arrachage de drains.

L'infirmier me prévient : ça va faire mal.

Je fais la maligne. J'ai vécu pire que ça…

« Vas-y, tire dessus.

— Regarde au plafond. Tu as besoin de serrer quelque chose pour te défouler ?

— Non, c'est bon, vas-y, enlève-moi ça. »

Il tire. Et une douleur me transperce ! Je n'ai jamais ressenti ça, l'impression qu'on m'arrache les intestins.

« Attends, il en reste deux.

— Tu ne peux pas les arracher en même temps ?

— Non. Récupère, souffle un peu. »

Et pendant qu'il détourne mon attention, d'un seul coup, sans prévenir, clac, clac… c'est fini.

Mais j'en ai gardé la trace.

Prochaine étape, aller jusqu'au siège pour m'asseoir. Je ne pensais pas que ce serait si difficile. J'ai mal, ma tête tombe, tout mon corps s'affaisse. Mes muscles sont mous. Je dois me concentrer pour tenir droite. Après avoir mangé, j'appelle les infirmières pour regagner mon lit.

Il faut que tu tiennes encore.

Alors je suis restée comme ça. La tête branlante, à râler intérieurement. J'ai un cœur et le reste ne suit pas, c'est malin ! J'ai tenu deux heures. On m'avait un peu oubliée, mais c'est moi qui ne voulais pas sonner alors que je n'en pouvais plus.

« Pourquoi tu ne nous appelles jamais quand ça ne va pas ?… Tu es trop fatiguée ! »

L'infirmière me lève, je fais un ou deux pas, au troisième je m'appuie sur elle parce que je n'ai plus de forces dans les jambes. Elles tremblent sous moi, comme celles d'un bébé qui s'essaie à marcher pour la première fois. Je ne tombe pas, mais atteindre mon lit est un soulagement.

Je passe la journée à bouquiner. Et dans la soirée, bonne nouvelle : je sors de la chambre stérile pour une « vraie chambre d'hôpital ».

« Même si tu ne marches pas encore, ne t'inquiète pas. Tu vas réapprendre au jour le jour. Sois patiente.

— Je vais pouvoir voir ma famille ?

— Attends, chaque chose en son temps. »

Une vraie chambre d'hôpital, c'est la possibilité de téléphoner, et la télévision. La télévision, c'est un pur bonheur, une libération. Je zappe comme une malade sur toutes les chaînes. Je passe des chaînes documentaires aux chaînes d'information ou musicales… Je me suis mise à chanter ! Les infirmières étaient contentes et ma mère a enfin pu venir le sixième jour. Je l'attendais avec impatience. J'allais bien physiquement, et il était temps qu'elle le voie de ses propres yeux. Elle devait se faire du souci.

J'ai droit à mon premier shampooing au bout d'une semaine d'hospitalisation. L'aide-soignante me masse la tête pendant un quart d'heure et je ressens un grand bien-être.

La douche, je l'attends trois longues semaines.

On me retire le pansement. J'entre dans la salle de bains jaune, un matin, et dans la glace je vois ma cicatrice pour la première fois. Moi qui n'y avais pas pensé beaucoup jusque-là, je commence à prendre conscience de la réalité physique de l'opération : on m'a ouverte en deux. La tête me tourne, malaise. Je m'assieds, mais je vois toujours la cicatrice et je manque de tourner de l'œil encore une fois. Je regagne péniblement mon lit et appelle l'infirmière.

« Tu veux de l'aide ?

— Non, non, je vais attendre un peu. J'y arriverai.

— Comme tu veux. Si tu as besoin, appelle. »

Une heure plus tard, je regagne la salle de bains avec beaucoup de mal. Mais cette fois, je change de plan de bataille : je ne me regarde pas dans la glace. Je prends ma douche les yeux au plafond, pour profiter de l'eau qui coule enfin sur mon corps sans penser à autre chose.

C'est impressionnant, cette cicatrice. Elle est grande, rouge, boursouflée, et j'ai des bleus partout, comme si on m'avait cogné dessus ! Avant l'opération, je n'avais pas cherché à me figurer ce qu'on allait me faire exactement, je n'imaginais pas le « chantier » à l'extérieur. Pendant dix-neuf ans, j'ai vécu avec une poitrine sans cicatrice, et ce n'est pas très beau à voir, ce corps meurtri. Il va falloir que je m'y fasse.

L'euphorie des premiers temps passée, je commence à me poser des questions.

Il m'est arrivé un truc dingue ! Comment j'ai fait pour supporter tout ça ? Mon cœur s'est arrêté. J'ai subi une opération, on m'a posé un cœur artificiel. Puis un vrai cœur qui fonctionne ! C'est fou ! Moi qui redoutais d'avoir une appendicite quand j'étais petite…

Voilà, c'est fini, je ne suis plus une enfant…

Je dois me débrouiller toute seule avec tout ça, ces questions existentielles, ces angoisses. Je suis adulte à présent. J'étais déjà posée avant, je réalisais certaines choses que les jeunes de mon âge ne voyaient pas. Mais là, j'ai pris une gifle magistrale. J'étais morte et on m'a fait renaître. Ce n'est pas l'opération qui m'impressionne maintenant, c'est d'être morte puis revenue à la vie. Et surtout d'avoir tant souffert avant de me manifester. Comment j'ai pu tirer sur la corde à ce point ? Me forcer comme ça ? C'était de la folie pure.

À force de vouloir vivre à tout prix, j'aurais pu en mourir pour de bon. Une psychologue est venue me faire parler, mais elle était focalisée sur l'acceptation de la greffe. C'est très important chez certains sujets. Je voulais tellement montrer que j'étais bien, partager mon enthousiasme de sentir enfin mon corps léger, que j'ai convaincu la psy que tout allait pour le mieux. C'était facile, je n'avais pas de problème avec mon cœur. Je n'ai pas parlé de ce qui me préoccupe vraiment.

Il y a eu un moment dans mon existence où je suis morte.

Journal de campagne

Le véritable parcours du combattant commence avec le réapprentissage de la marche.

La liberté est au bout du chemin : c'est la sortie de l'hôpital, le retour à la vraie vie. Avant de pouvoir aller danser en boîte, courir dans la nature, faire les magasins ou passer mon bac à la rentrée, j'ai bien d'autres examens à subir, dont le premier et le plus douloureux est la biopsie.

Je suis prévenue, mon corps peut avoir des difficultés à accepter son nouveau cœur, malgré le traitement antirejet que je devrai suivre toute ma vie. Il est destiné à maîtriser mon système immunitaire pour le forcer à accepter cet hôte indispensable. Si mon cerveau, lui, accepte d'enthousiasme, ce n'est pas suffisant.

Au bout d'une semaine, je découvre donc la biopsie. Je suis encore en fauteuil roulant, car j'ai du mal à marcher. Un masque recouvre mon nez et ma bouche pour me préserver des microbes invisibles. Certaines personnes me dévisagent, pensant sûrement, à en croire leur air inquiet, que je suis contaminée par je ne sais quoi, alors que c'est moi qui risque d'être contaminée !

On me descend dans la salle d'examen, et la pression monte. Je ne sais pas vraiment ce qu'est une biopsie. Est-ce douloureux ? D'après l'infirmier qui me véhicule, c'est « supportable ».

« Supportable, ou ça fait pas mal ?

— Je n'en ai jamais subi personnellement, mais apparemment ça va. »

Une charlotte sur ma tête, des chaussons aux pieds, je suis dans une salle qui ressemble à un bloc opératoire.

« Comment ça se déroule ?

— On va t'ouvrir au niveau du cou, entrer dans la jugulaire du côté droit pour atteindre l'artère coronaire jusqu'au cœur. Une toute petite ouverture. On va descendre un cathéter, avec une caméra. Et, avec une pince, on prélèvera trois petits bouts de myocarde.

— Mais vous êtes fous, vous n'allez pas entamer mon cœur…

— C'est minuscule, n'aie pas peur. »

On m'explique que je dois subir le même examen toutes les semaines durant neuf semaines. Ensuite, la fréquence descendra à une fois toutes les deux semaines, puis toutes les trois, et enfin tous les mois au bout d'un an. Après, ce sera tous les deux mois, puis tous les quatre mois, et, enfin, tous les six mois, je passerai une échographie qui déterminera la nécessité ou non d'une biopsie.

En règle générale, à l'avenir, si je suis essoufflée ou si je ressens quelque chose d'anormal dans ma vie quotidienne, je devrai prévenir l'hôpital.

Le cathéter descend. Jusque-là, tout va bien. Mais

dès qu'il approche du cœur pour le prélèvement, le muscle cardiaque s'agite. Pour moi, c'est la panique. Je commence à pleurer. Je ressentais la même chose avec mon cœur d'avant. Il s'est agité de la même manière avant de s'arrêter. Je serre la main de l'infirmière de toutes mes forces, sentant remonter en moi toute la peur d'avant l'opération. Retrouver cette sensation de mort imminente, c'est trop pour moi.

« Encore deux prélèvements et c'est fini. Ne t'inquiète pas, ton cœur ne risque rien. Au contraire, il se manifeste puisqu'on le titille. C'est bien, qu'il réagisse ! »

Il n'empêche qu'en me redressant de la table d'examen, je vois la silhouette de mon corps tout entier qui se dessine, à cause de la transpiration, sur la toile de protection. Malgré l'appréhension, je veux voir ce qu'il a « arraché » de mon cœur.

Le médecin me montre les minuscules prélèvements de myocarde. Il m'explique qu'ils vont partir au laboratoire pour une analyse cellulaire.

« Si les cellules de ton corps attaquent le myocarde, m'explique-t-il avec patience, c'est un début de rejet. Tu ne peux pas le ressentir physiquement, mais nous, nous pouvons voir les prémices. Il suffirait alors d'augmenter légèrement la dose d'antirejet. »

Au fond, c'est un réglage minutieux.

Je veux voir aussi la pince dont il se sert.

Ma curiosité ne s'arrête pas là. Il me montre la pince dont il s'est servi et je lui adresse ma plus belle grimace. Parce que j'ai eu mal au moment où elle a saisi mon cœur à trois reprises, à des endroits différents. Une douleur sourde, intérieure, qui fait sursauter.

Résultat de la biopsie : rejet. Le traitement ne fonctionne pas. Malgré l'augmentation des doses, mon système immunitaire résiste.

Le médecin plaisante en me disant : « Tu es trop costaud ! » Mais je n'ai pas vraiment le cœur à rire. J'ai droit à un traitement de corticoïdes, dont les effets secondaires sont gênants. Je ronfle, et mes poils poussent à une rapidité désespérante. Plus on augmente la dose, plus je suis poilue !

Et soudain, plus de rejet. Je peux quitter l'hôpital pour un centre de réadaptation à la campagne, où, d'après ce que l'on m'a dit, je resterais de deux à cinq semaines, plus peut-être. La durée du séjour sera bien sûr fonction de ma récupération. Ce n'est pas la liberté totale, mais c'est l'air du dehors. Je vais pouvoir respirer autre chose que l'air de la climatisation ! J'ai envie de sentir l'herbe coupée, les fleurs, et même les pots d'échappement dans la rue.

Je marche déjà mieux. Le soir, après le départ de ma mère, je me promène dans l'hôpital avec mon masque et mon téléphone portable, à la recherche de l'unique coin où passe le réseau, une petite salle d'attente, où j'ai repéré le siège qui offre la meilleure réception. J'y reste parfois jusqu'à minuit alors que les infirmières me cherchent, inquiètes de ne pas me trouver dans mon lit. J'ai besoin des cancans du lycée. De savoir qui fait quoi et qui sort avec qui… Cet univers d'adulte et de médecine dans lequel je vis depuis des semaines m'ennuie, j'ai besoin du mien.

Je prends un plaisir fou à écouter des ragots sans aucune importance : ce n'est pas grand-chose, mais tout simplement la vie qui reprend… Je me vois déjà guérie. De tête, de corps et de cœur.

Le jour du départ pour le centre de réadaptation, une fausse vigueur me fait croire que je suis capable de refuser la civière et de monter des escaliers toute seule. Erreur. Je m'essouffle au bout de trois marches pour avoir refusé l'ascenseur ! En début de transplantation, le cœur n'est pas encore intégré, les nerfs n'ont pas repoussé. Il est là, il fait vivre, mais dès que l'on accélère, il ne suit pas au même rythme. De plus, le mien bat trop vite à l'origine pour s'adapter à mon rythme de vie, j'ai besoin de médicaments pour le ralentir un peu. Apparemment, mon donneur était un sportif. Lorsqu'il s'est intégré définitivement, que les nerfs ont repoussé, je l'ai senti vivre en moi et accélérer à la demande. Un vrai bonheur !

Le centre où je vais vivre et récupérer mes muscles est spécialisé en réadaptation cardiaque. Ce qui inclut une minorité de greffés, et une majorité d'adultes et de personnes âgées. On m'avait parlé à mon arrivée d'un jeune garçon de vingt-trois ans, transplanté dix jours avant moi. J'espérais pouvoir discuter avec lui de tout et de rien, me distraire avec quelqu'un de mon âge pendant ce séjour. Mais je me suis rendu compte très vite qu'il n'avait pas la même approche que moi, non seulement de la vie, mais aussi de la transplantation. Il se voyait différent. Il disait : « Tu verras, en rentrant chez toi, tes amis vont te laisser tomber. Parce que tu n'es plus comme les autres. Tu es transplantée. »

Je me sentais et me sens toujours comme les autres. Mes copains ne m'ont pas laissée tomber. J'avais de la peine pour lui, car cette magie formidable qu'est la greffe d'un organe vital, je l'avais ressentie dès le début. C'était me redonner la vie à laquelle j'avais droit à vingt ans. J'étais pleine d'espoir et de désirs, alors qu'il s'enfermait dans cette prétendue différence. Pourtant, on ne voit rien de l'extérieur ! Je me sentais normale, tout en sachant parfaitement que j'allais devoir récupérer des forces. Mais ce n'était qu'une convalescence ! Dans un lieu de vie agréable, en outre, où il était possible de réapprendre un maximum d'activités physiques et sportives.

Je vais refaire du vélo, de la gymnastique, des promenades... C'est vaste, clair et lumineux, il y a des arbres et un grand pré. Plus loin, un petit bois. Des oiseaux, de l'air pur... Ma mère a arrêté de travailler pour rester avec moi. Finalement, je n'ai droit qu'aux promenades et à la musculation – pas de piscine par crainte des microbes –, mais je récupère bien. Je redécouvre le plaisir de manger avec un appétit féroce, et je me retrouve avec des joues rondes de bébé !

La première semaine, tout va bien. Premier contrôle, nouvelle alerte. Rejet. Perfusion de corticoïdes. Et me voilà privée de sport, coincée au lit devant la télévision, à tourner en rond comme un lion en cage. Je ressasse des idées sombres : je ne sortirai jamais, on est déjà fin mars et ça fait un mois que j'ai été opérée – deux mois qui me paraissent maintenant des années, parce que je me sens bien physiquement. Je marche, je fais du sport, je monte les escaliers. Et là, de nouveau, je me sens emprisonnée. Dans une prison dorée, certes, mais où je ne peux rien faire.

Pas même aller à la messe dans l'église du village que j'aperçois au loin.

Heureusement, pour me sortir de ces moments d'abattement, des lettres m'arrivent tous les jours : des copines, de mes professeurs, de ma famille. Quant au téléphone, je suis obligée de le fermer le soir, tellement je suis fatiguée.

Au bout de quatre semaines, le cardiologue du centre m'annonce que je vais certainement pouvoir rentrer chez moi dès le lendemain. C'est un jeudi, maman et moi préparons les bagages. La veille, on m'a fait la biopsie hebdomadaire. Les résultats n'ont pas été communiqués au centre, mais, normalement, lorsqu'il n'y a pas de coup de téléphone de l'hôpital, c'est que tout va bien. Or, le jeudi matin, devant mes bagages tout prêts, le même cardiologue vient me trouver dans la chambre.

« Il va falloir que tu restes, tu fais un rejet, on ne peut pas te laisser partir.

— Non, je veux partir, je suis prête. Mes bagages sont bouclés. L'ambulance ne va pas tarder, on l'a déjà commandée. Je m'en vais.

— Non, tu ne peux pas. »

Là, je craque. Je ne craque pas souvent, mais cette fois je fonds en larmes.

« Écoute, Aline, ça ne durera peut-être qu'une semaine… »

Le rejet ne m'a jamais fait peur, parce que les médecins m'ont toujours parlé clairement et rassurée. Il y a toujours une solution, ils l'ont prouvé. Mais je me sens piégée dans ce centre. Ce qui me terrorise, ce n'est pas la mort en elle-même, c'est d'être prisonnière de mon corps lorsque je suis immobilisée. Je ressens la même chose si je suis coincée dans une pièce, ou dans un ascenseur – cette appréhension de ne rien pouvoir faire, de rester enfermée quelque part. Je dois être claustrophobe… Ce jour-là, ce sentiment me submerge littéralement. Ma pire angoisse est de dépendre de quelque chose que je ne maîtrise absolument pas. Si mon esprit commandait mon système immunitaire, je n'aurais même pas besoin du moindre traitement, tellement je le veux, ce cœur !

Ce rejet, à la cinquième semaine, représentait une semaine d'emprisonnement supplémentaire, au minimum. Je ne savais pas quand je pourrais retourner chez moi, même si au fond j'en avais peur. Je voulais partir, et le redoutais aussi, paradoxalement. L'hôpital, c'était la sécurité. Le quitter, ça signifiait éloigner mon cœur de la haute surveillance dont il bénéficiait. Rentrer chez moi, c'était le surveiller moi-même. Il y aurait toujours les biopsies, les contrôles réguliers, mais je craignais cette vie extérieure, un peu comme un plongeon de haut vol. Et pourtant, je pleurais de frustration, celle de ne pas pouvoir courir ce jour-là, comme prévu, vers la vie normale. Ce n'était pourtant pas très long par rapport à l'ampleur de ce que j'avais vécu, mais je n'avais pas la notion du temps. J'étais perdue du fait que je ne souffrais de rien et que l'on me gardait prisonnière malgré tout. Impatiente de recommencer à vivre, j'avais l'impression que ce temps était gaspillé. Depuis le jour de la transplantation, j'avais l'impression de perdre mon temps. Je me disais : « Encore une minute, une heure, une journée de passée dans ma vie, donc une minute, une heure ou une journée de moins avec mon nouveau cœur. » J'oscillais vraiment entre des sentiments contradictoires : l'hôpital, c'était la sécurité bien sûr, mais aussi une période que je comptabilisais en négatif, puisque je n'étais pas libre de mon temps. Lorsque je sortirais, le décompte recommencerait en positif. J'avais trop conscience que la mort avait failli m'emmener, je ne voulais plus perdre de temps. J'ai une nouvelle vie, et pour moi c'est un sursis. Je sais que s'il n'y avait pas eu mon donneur, et toute cette technique extraordinaire, je serais morte. Si j'étais née en Afrique, en Chine ou en Inde, je ne serais plus là.

C'est dans ce sens-là que je vis ma vie. En sursis.

Et chaque minute compte, tellement ce sursis est beau.

Je ne me suis jamais sentie aussi bien. C'est pour cela que je veux partir le plus vite possible. Après tout, depuis mes treize ans, je ne me souviens pas d'autre chose que de ma faiblesse. J'ai oublié les années précédentes, lorsque je gambadais partout, jouais au ping-pong. Depuis l'adolescence, je vis dans la maladie, l'essoufflement, les médicaments, l'hôpital. Maintenant que le ciel se dégage, je n'ai plus qu'une hâte : vivre !

Une semaine d'attente, pas plus. Le jeudi suivant, nouvelle biopsie. Et le lendemain, nouveau stress.

Je guette le bureau des infirmières et, à 4 heures de l'après-midi, suspense. Pire qu'un résultat d'examen au lycée. Je joue ma liberté sur ce résultat, comme s'il s'agissait de ma vie !

« Alors ?

— Alors c'est bon, tu peux rentrer chez toi.

— C'est vrai ? Vrai de vrai ?

— Tu n'as plus de rejet. »

C'est magnifique ! Mon corps accepte mon cœur ! Je suis libre, *nous* sommes libres.

J'arrive dans ma famille près de Paris un vendredi, et je repars un mercredi pour la biopsie. La veille, j'ai mangé comme un ogre – je dévore à cause des corticoïdes. Ma grand-mère me prépare un gros plat de pommes de terre gratinées à l'ail. À l'hôpital, le lendemain, les médecins s'inquiètent parce que mon cœur a chuté à 57 % de sa capacité de pompage alors qu'un cœur normal est à 60 ou 61. Pour quelle raison, ils ne savent pas. L'ombre d'une deuxième greffe plane au-dessus de ma tête, et on va me garder à l'hôpital pour une nouvelle batterie de contrôles, dont une coronographie.

Ma première réaction, c'est de tout refuser. La chambre, la chemise, la nudité obligatoire, le rasage, la désinfection. Je voudrais sortir de ce labyrinthe. J'ai la sensation de ne pas trouver la sortie, l'impression que ma vie tournera autour de l'hôpital avec d'incessants allers-retours, des biopsies, des analyses. Je n'encaisse plus, j'ai trop résisté avant, je suis saturée. Je suis soûle de tous ces examens : on m'a épluchée des pieds à la tête ; jusqu'au dernier cheveu, tout a été analysé. Mon corps n'est plus un corps, c'est un objet de science, un rat de laboratoire, un objet de curiosité. Il ne m'appartient plus. En plus, j'ai toujours eu du mal à supporter que des tas de gens me déshabillent, qu'on me voie nue. Je suis pudique et j'ai le sentiment de perdre toute dignité. Ils s'en moquent, médecins ou infirmiers, ils voient des corps nus à longueur de temps, et un corps n'est qu'un corps. Oui, mais c'est le mien.

Et je suis en colère contre lui, justement, je lui parle, à ce corps :

« Pourquoi rejettes-tu ce qui te fait vivre ? Arrête ! Aide-moi, essaie de coopérer. »

Cette dualité entre mon corps et mon cerveau, je la ressens depuis que je suis toute petite. Mon cerveau veut contrôler mon corps. Il y arrive parfois, mais finalement le corps l'emporte toujours – la nature est plus forte que tout, et c'est une sacrée lutte. On a beau chercher à repousser les limites de la résistance physique, le corps se révolte lorsqu'il atteint son seuil. La bagarre, je la mène sur deux fronts : dans ma tête, et avec mon cœur auquel je tiens énormément, car il vaut tout l'or du monde. Il est acquis mentalement, mais pas dans le corps.

Et là, je commence à fatiguer. J'attends qu'on me dise ce qui se passe. Même ma cardiologue ne comprend pas. L'examen ne montre pas d'altération des artères. Alors ?

Je passe une nuit à regarder le monitoring, tout est normal. Il va bien, je n'ai pas de douleur, rien. Le lendemain, nouvelle échographie. Mon cœur est remonté à 61 % de sa capacité, tout est normal…

J'ai pensé au plat de pommes de terre à l'ail de ma grand-mère, dont je me suis « goinfrée » sans précaution tellement j'avais faim. Mon cœur a dû pomper énormément pour digérer tout ça. Je l'ai suggéré à la cardiologue.

« Ce n'est pas impossible. L'important est qu'il aille bien. »

Tout ça pour un plat de patates… Je ressors de l'hôpital rassurée, avec un petit coup de blues tout de même. Je devrai faire attention à la savoureuse cuisine de ma grand-mère. Ce n'était pas un rejet de greffe, mais un rejet de patates à l'ail.

Jusqu'à la prochaine biopsie, c'est le bonheur en famille à la campagne. Je dors tout mon soûl dans un vrai lit – pas de réveil intempestif à l'aube pour une prise de tension comme à l'hôpital. Je me répands avec délice dans la baignoire. J'essaie le vélo, mais c'est encore un peu tôt, mes jambes fatiguent. J'essaie le basket, trop tôt encore… Alors allons dehors ! Marcher, respirer dans les bois, humer l'odeur des feuilles. C'est le printemps, les jonquilles sortent de terre, les oiseaux chantent, les bourgeons pointent. J'ai laissé un vieux cœur en hiver, le mien est neuf comme ce printemps. J'avais oublié ce qu'était une vraie bonne fatigue.

Jamais je n'ai autant dormi et aussi bien. La main sur le cœur pour en sentir les battements réguliers comme une berceuse qui calme et rassure, la nuit venue.

Le dimanche suivant, j'ai envie d'aller à la messe de Pâques en famille. Dehors, dans le vent du printemps, je n'ai pas voulu porter le masque recommandé pour les sorties. Je ne veux plus être malade, ni même en avoir l'air. Mais, pour entrer dans une église à l'atmosphère confinée et pleine de monde, c'est obligatoire. Tant pis. J'en ai tellement envie depuis l'opération, j'irai donc avec ce masque que je déteste. Je veux remercier Dieu de m'avoir offert une seconde vie.

Dans l'église, tout le monde me regarde : « Qu'est-ce qu'elle a ? Elle doit avoir une maladie grave pour se cacher… » Je suis entourée de toute ma famille : grand-mère, maman, tante et oncle, marraine, filleule, ils sont tous venus en force pour fêter ma sortie. Mais je sens ces regards méfiants sur moi.

Au moment d'aller communier, je me lève comme tout le monde pour prendre ma place dans la foule. Et les gens s'écartent comme si j'avais la peste.

Ma cousine, qui a un caractère bien trempé, voyant que les « fidèles » se détournent ostensiblement de moi, fait exactement l'inverse. Elle me prend par le bras et m'embrasse. Ma petite filleule de sept ans m'entoure elle aussi de ses bras. Elles en rajoutent, l'air de dire : de quoi avez-vous peur ? Les contagieux, c'est vous !

Certaines personnes tirent les enfants vers eux en disant : « Laisse-la passer. »

Au fond, c'est pratique, la foule s'écarte devant moi pour me laisser passer comme la mer Rouge devant Moïse et son peuple ! Et ce n'est pas de la gentillesse que je vois dans les yeux des gens qui me dévisagent, mais soit de la pitié, ce qui n'est pas mieux que le dédain, soit du dégoût. Je lis dans ces regards : « Elle va me contaminer, elle doit être pleine de microbes. »

Je ne me suis pas permis d'intervenir pendant la célébration de la messe, par respect. Mais je ne me suis pas privée d'une petite vengeance silencieuse. L'église était remplie de personnes âgées, et c'étaient elles qui s'épiaient au lieu de regarder et d'écouter le curé. Alors, de temps en temps, je leur lançais mon regard noir, celui que ma mère appelle mon « regard revolver ». Aussitôt elles regardaient le curé, et pendant ce temps je toussais, juste pour leur faire peur, puisqu'elles avaient l'air de me craindre tant ! J'étais en colère contre l'humanité, blessée. J'étais venue prier, dans un lieu de sérénité et de compassion, et on me considérait comme un animal de foire ? Je n'imaginais pas que des personnes adultes seraient capables de ce comportement idiot. Je l'aurais compris de la part d'enfants qui ignorent beaucoup de choses, mais ce n'est justement pas le cas.

Après la messe, les enfants de chœur, les jeunes sans leurs parents viennent vers moi, sans crainte, pour me demander ce que j'ai, pourquoi je porte ce masque. Mais les enfants accompagnés d'adultes s'entendent sermonner :

« N'y va pas ! Reste là. »

Ma grand-mère est allée voir le curé pour lui expliquer que je venais d'être transplantée, et que ce masque était destiné à me protéger des microbes, et non à protéger les autres de mes microbes. Ma cousine s'énerve pendant ce temps :

« C'est vous qui êtes dangereux pour elle. Elle est affaiblie. Arrêtez de la regarder comme ça, ce n'est pas une pestiférée. Vous êtes dans une église, essayez de comprendre d'abord ! »

À ce moment-là, j'ai réalisé ce que pouvaient ressentir certaines personnes handicapées, ou malades du sida. Les gens sont vraiment nuls ! Si ça leur arrivait, que feraient-ils ?

Pour moi, cette protection est momentanée, je ne la garderai pas à vie. Dans peu de temps, je retournerai à la messe comme tout le monde. Mais je comprends ceux qui souffrent d'une difformité physique. Cet incident m'a révoltée. C'est le moment de rappeler à tous ces hypocrites qui se précipitent à l'église que le Christ s'est approché d'un lépreux !

Ce week-end de Pâques s'est heureusement bien terminé en famille. Le mercredi suivant, je me prépare à affronter ma neuvième biopsie.

J'y vais toujours avec autant d'angoisse, bien sûr parce que c'est douloureux, mais aussi parce que j'ai peur qu'on m'enferme encore à l'hôpital. Comme nous avons vécu une alerte qui nous a prises de court la dernière fois, ma mère prépare un sac de voyage avec des affaires personnelles.

Elle le glisse dans le coffre en catimini, car elle sait que je n'en voudrais pas ! Et j'ai raison d'être optimiste. Cette neuvième biopsie, fin avril, se passe bien. Si bien que le délai avant la suivante est porté à deux semaines au lieu d'une. Un soulagement car, depuis ma sortie du centre de réadaptation, maman et moi vivons chez nos cousins pour être proches de Paris.

Cette fois, nous pouvons rentrer à la maison, retrouver une vie normale. Je devrai prendre le train pour Paris tous les quinze jours seulement. Nous sommes le soir du 1er mai lorsque mon beau-père gare la voiture devant notre petite maison. Je revois la pelouse, le pré, l'écurie et mes chevaux. J'entre, je monte les escaliers, et les mauvais souvenirs me prennent à la gorge. L'idée d'être à quatre heures de l'hôpital « cocon », livrée à moi-même, m'effraie littéralement.

Le soir, je viens à table, le regard vide. Ma mère s'inquiète :

« Qu'est-ce qu'il y a ?

— Maman, je suis paumée, je ne sais plus où je suis, ni ce que je fais là.

— Je comprends, mais ne t'inquiète pas, ça va passer. Depuis plus de deux mois, nous sommes en dehors de chez nous, dans un cadre hospitalier, entourées d'infirmiers, assistées en permanence, c'était une sécurité. Il faut que tu reprennes tes repères, que tu retrouves ta vie. »

Je respire un bon coup, rassurée d'avoir pu en parler un peu. C'est le coup de blues qu'avait évoqué le médecin. Je suis toute seule, personne pour me rassurer sur l'état de mon cœur. Vais-je réussir à dormir ?

Cette première nuit, je retrouve mes murs tapissés de posters et de photos, mes crucifix, mon réveil, mon canapé bleu, ma table basse orange, mon petit bureau vert, mon fauteuil rouge, toutes ces couleurs que j'aime, des couleurs de vie. Et ça va mieux. Je me retrouve chez moi, en terrain connu.

J'allume la petite télévision, et je me dis « cool » : cette fois, j'ai mes repères.

Et je ne pense plus qu'aux projets du lendemain. Je vais prendre ma voiture et faire un tour au lycée. Ma classe sera en cours, je ne pourrai pas encore y assister – toujours l'interdiction des lieux confinés, donc à risque pour moi –, mais à l'idée de me balader librement dans ma petite voiture, de revoir les copines et de parler d'autre chose que de ma santé, je vais bien.

Les médecins ont réussi à trouver le bon dosage de médicaments. Dans ma chambre coloriée, je peux décider de voir la vie en rose.

Et passer mon bac en septembre !

Je m'endors en paix.

Devenir grande

On m'avait dit à l'hôpital d'éviter les émotions fortes. Mais encore faut-il être d'accord sur la définition même d'« émotion forte ». Est-ce tomber amoureuse ? Aller voir un film d'horreur ? Côté relation de cœur, je suis en *stand-by* pendant ces vacances de 2006. Tout le monde peut se tromper et je me suis trompée.

Pour me distraire, et parce que tout ou presque m'était désormais permis, je décide d'aller au cinéma avec des copines, voir un film d'horreur. Après tout, ce n'est que de la fiction. Nul n'est obligé de s'affoler devant une profusion d'hémoglobine… Mais je n'ai pas tenu jusqu'à la fin de la séance, et j'ai passé la nuit à transpirer, le cœur battant la chamade. Je reprends mon souffle en essayant de ne pas paniquer, rien à faire. De 11 heures du soir à 3 heures du matin, impossible de retrouver le calme. Maman vient dormir avec moi pour me rassurer, mais elle a beau argumenter, m'expliquer que mon cœur n'est pas en cause de toute évidence, je panique. Incapable de retrouver ma sérénité, je décide d'appeler l'hôpital à Paris. C'est une recommandation de l'équipe qui me suit : appeler dès que quelque chose d'anormal se produit.

« Raconte-moi ce qui s'est passé.

— Je fais de la tachycardie depuis que je me suis couchée.

— Qu'as-tu fait avant de te coucher ?

— Je suis allée au cinéma.

— Et tu as vu quoi ? »

Et voilà. Mon interlocuteur, qui était prêt à m'envoyer aux urgences de l'hôpital voisin si nécessaire, remet les choses à leur place :

« On te l'avait bien dit : pas d'émotions fortes. »

C'est fou, je me suis simplement énervée devant l'horreur des images, résultat, un coup d'adrénaline… et une nuit d'angoisse. Maman était parfaitement rassurée, mais il me restait un fond d'inquiétude, alors je suis tout de même allée aux urgences le lendemain, pour confirmation. Il vaut mieux que je regarde *Blanche-Neige et les sept nains* pour éviter de déranger la faculté à chaque émotion ! Mais je sais aussi qu'une prudence accrue ne m'empêchera pas d'appeler l'hôpital de temps en temps. J'ai besoin de me rassurer régulièrement. Ce cœur tout neuf qui bat dans ma poitrine, j'ai encore peur qu'il me lâche. C'est trop beau, cette présence, et c'est encore suffisamment récent pour que, par bouffées, j'aie de la peine à croire à mon bonheur. Au fond, c'est une histoire d'amour classique entre mon cœur et moi. Parfois il me rassure et me dorlote le soir pour m'endormir, parfois il m'énerve ou je l'énerve… et j'ai peur que ça s'arrête.

Cet été 2006 ne ressemble en rien à des vacances, il faut que je travaille pour passer mon bac. Contrairement à ce que l'on pourrait penser, la session dite de remplacement n'a rien à voir avec une session de rattrapage et n'est pas une solution de facilité. Les épreuves sont équivalentes. Les professeurs m'ont envoyé leurs cours ronéotypés en philo, histoire et littérature, et des sujets de dissertation sont arrivés au centre de rééducation. Je ne fais plus de maths dans ma section, heureusement. Mon professeur d'anglais m'envoyait déjà des exercices de vocabulaire, et j'avais commencé à réviser entre deux biopsies ! Je m'étais installée dans une salle de loisirs où il n'y avait presque jamais personne, avec mon walkman sur les oreilles, pour bachoter. J'étais à peu près sûre de moi. Au premier trimestre, j'avais travaillé sérieusement et consciencieusement. Quand j'étais trop fatiguée, je ne rentrais pas à la maison, j'allais en salle d'études, où j'étais sûre de travailler sans être tentée par la télévision ou autre chose. J'avais donc des notes correctes.

Pendant les grandes vacances, les professeurs m'ont proposé de venir à la maison pour des cours particuliers, remboursés par une assurance. J'en avais besoin cet été-là, car je manquais de concentration, j'avais la tête ailleurs. Là aussi, on m'avait prévenue. La fatigue intense dont je me remettais à peine en était responsable. Sans compter l'extraordinaire aventure médicale que je venais de vivre. C'était assez troublant, je me surprenais, en écrivant une phrase, à penser brutalement à tout autre chose. « J'ai faim », « tiens, je vais écrire à une copine », « où est passé le chat ? ». Avant, ça ne m'arrivait pas. En tout cas rarement. Ou alors, une fois que j'étais lancée dans mon travail d'écriture, même si je ne m'arrêtais pas, en me relisant je découvrais d'épouvantables fautes d'orthographe ! Comme si une partie de mon cerveau était déconnectée…

Après la greffe, j'étais obligée de me rebrancher en permanence sur mon travail. Même pour la lecture. Ce qui était extrêmement simple pour moi me donnait du mal à ce moment-là. Aujourd'hui, c'est heureusement terminé : je dévore de nouveau les livres !

Arrivent le mois de septembre et les épreuves. Première embûche, je dois rouler plus d'une heure jusqu'au lycée qui fait office de centre d'examen de ma province. Il faut être à 8 heures sur place ; mon beau-père m'y conduit.

J'arrive en terrain inconnu et en retard ! Mauvais départ, on va me recaler en vitesse ! Nous avons confondu le collège et le lycée, qui sont chacun d'un côté de la ville. Les feux rouges et les hésitations m'ont coûté les dix minutes de retard. Le temps de retrouver le chemin, j'ai paniqué, la gorge serrée par le stress. Si je dois recommencer une terminale pour une histoire aussi bête…

Il y a énormément de monde devant ce lycée, c'est la rentrée des classes. Je me fraie un chemin en courant jusqu'à l'accueil pour me faire indiquer la salle.

Mais avant cela, je dois expliquer mon retard à la principale. Elle comprend, connaissant mon dossier ainsi que la route qui me sépare de la ville. Comme on est en train de distribuer les sujets, elle est compréhensive et me laisse gagner la salle d'examen. J'entre au moment exact où l'on distribue le dernier ! Décidément, j'ai de la chance, j'arrive toujours sur le fil du rasoir. Cette session de remplacement pour raisons médicales est un catalogue de situations difficiles. Nous sommes une dizaine. L'un a eu un accident de voiture et s'est retrouvé dans le coma, un autre a vu mourir son copain sous ses yeux et a fait une dépression, le plus chanceux a été tout bêtement victime d'une gastroentérite au milieu des épreuves en juin.

Première épreuve, la philosophie. Je choisis comme sujet une étude de texte de Nietzsche. Je préfère toujours cela à une dissertation, car j'ai des qualités d'analyse et une bonne mémoire des références. Au début, j'ai du mal à me concentrer. Je lis, relis, décortique chaque mot du texte. Je mets une heure à faire le plan, diviser le texte, dégager une problématique. Je soupire, bouge dans tous les sens, mange des gâteaux, bois, regarde dehors… Il fait beau, chaud, je serais mieux à l'extérieur. Pourtant, je le veux, ce bac. Alors, pour me motiver, je me répète des paroles calmantes : « Ne t'énerve pas, tu as quatre heures pour t'en sortir, tu vas y arriver, ce sera toujours une épreuve de moins et il te la faut. » Je sors au bout des quatre heures moins une seconde ; j'ai dû accélérer sur la fin, tellement je m'étais dispersée au début. Et je suis très fatiguée, parce que je n'ai plus l'habitude de tels efforts. Autre handicap, cette agitation qui me pousse à bouger tout le temps. J'étais déjà comme cela lorsque j'étais plus jeune, mais depuis la greffe c'est pire. Depuis l'opération, d'ailleurs, pas mal de mes comportements sont exacerbés : les fous rires comme les inquiétudes, je vis tout plus intensément.

Pendant une semaine, je fais des allers-retours matin et soir, et toutes les épreuves se ressemblent, longues et ennuyeuses, fatigantes. Avec cette litanie en tête : « Si je n'ai pas le bac, je sais ce que je fais, mais si j'ai le bac, je ne sais pas ce que je fais… »

On est en septembre, les autres ont déjà repris leurs études. Je ne peux pas aller là où je l'avais prévu, dans un DUT, il aurait fallu avoir déjà le bac pour présenter mon dossier. Je ne peux pas non plus me permettre de vivre en dehors de chez moi, seule dans un logement. Les contraintes de surveillance médicale, les angoisses que j'ai encore, mon ignorance relative de l'autonomie domestique font que j'ai encore besoin de ma mère. Bref, je ne suis pas autonome. Avant, je pouvais me débrouiller, ce n'était pas grave si je faisais une erreur ou un écart de régime. Maintenant, c'est important. J'ai envie de prendre soin de ce cœur : c'est un cadeau précieux, un diamant, il faut le traiter avec délicatesse. On m'en a donné la charge, on me l'a confié en me disant : « Prends-en soin, respecte-le. » C'est une énorme responsabilité. Un peu comme élever un enfant.

Les dernières épreuves sont orales, le matin. Pour moi, anglais renforcé. Ça se passe bien, je m'en sors. Je suis libérée à midi, il faut attendre 5 heures de l'après-midi pour les résultats.

À 5 heures, rien. 5 heures et demie. 6 heures. Toujours rien. Tout le monde s'inquiète. Les profs n'ont qu'une dizaine de copies à corriger, mais ils arrivent quand ils veulent. À 7 heures du soir, enfin, les résultats. Dans le genre émotions fortes, je déguste !

Trois d'entre nous ont le bac du premier coup. J'ai droit à l'épreuve de rattrapage à repasser le lendemain à 8 heures. Et voilà, ce n'est pas encore terminé. Il va falloir refaire la route, connaître de nouveau le stress des épreuves – et quelles épreuves, je n'en sais rien ! Il y a des textes spéciaux dans chaque matière pour le rattrapage, que je n'ai pas révisés. Et il me manque dix points.

Je choisis la philo, coefficient 7. Avec un peu de chance, je pourrai négocier. Je demanderai au prof de ne pas tirer le texte au sort. Ensuite, je prends la littérature, dont je sais que les sujets ne changent pas. Je maîtrise à fond Kafka, j'arriverai à gratter. Je rentre crevée chez moi vers 9 heures du soir, mange vite fait et remonte dans ma chambre réviser jusqu'à minuit, 1 heure du matin. J'arrête, ça ne sert à rien, ça n'entre plus. Le lendemain, réveil à 6 heures. Ce n'est pas la pleine forme.

Pendant les grandes vacances, j'ai profité à fond de ma nouvelle liberté. J'ai découvert la vie des jeunes de mon âge, je suis sortie tous les jours pour voir les copines, rentrant à minuit, 1 heure du matin. J'ai eu le sentiment de rattraper le temps perdu. Mais rattraper le bac, c'est une autre affaire. Une semaine avant, j'ai fêté mes vingt ans en même temps que ma première sortie en boîte depuis l'opération. J'ai dansé toute la nuit, et même bu du champagne ! C'était joyeux, j'étais fatiguée, mais j'ai parfaitement récupéré. Pour le bac, ce n'est pas la même fatigue. J'arrive au lycée à l'heure et je repère vite le professeur de littérature, qui cherche ses candidats. Comme je suis la première à passer devant elle, j'ai le droit de choisir. Parfait, je prends Kafka, *Le Procès*, et je commente mon plan.

À 10 heures, je dois prendre mes médicaments antirejet. Je sors ma boîte.

« Qu'est-ce que c'est ?

— Je suis transplantée cardiaque, je suis obligée de les prendre.

— Ah oui ? Moi, mon ami n'a pas eu la chance d'être transplanté ! »

Le ton est bizarre, pas vraiment agressif, mais teinté de reproche. Comme si elle m'en voulait d'avoir eu « cette chance » alors que son ami a probablement succombé à son état.

Je ne cherche pas à en savoir plus.

Je présente mon exposé sur Kafka, et elle commence par l'adaptation cinématographique du *Procès* par Orson Welles – étude comparative, je connais. Puis viennent des questions pièges dont je n'ai pas la réponse, car je n'ai pas eu le temps d'étudier avec minutie les quatre volumes inscrits au programme de terminale. Il fallait les décortiquer, les analyser, faire des plans…

« Tu aurais pu faire des efforts, travailler plus, approfondir tes cours, aller à la bibliothèque… Quelle note vais-je pouvoir te mettre ?

— Ce que vous pouvez.

— Je ne sais même pas si je vais pouvoir te donner des points en plus, parce que franchement, ça ne vaut pas grand-chose. Tu ne connais rien de la vie de Kafka, ni de celle d'Orson Welles…

— Faites ce que vous voulez. »

Je n'ai pas le sentiment d'avoir été si nulle qu'elle le dit, mais plutôt celui d'être incomprise. Elle ne se rend pas compte que je n'avais pas le droit d'aller à la bibliothèque, ça m'était interdit. Que j'étais crevée, que j'avais donné mon maximum, que je passais mes matinées et certains après-midi avec mes professeurs à travailler à la maison, donc que je ne suis pas arrivée comme ça, les pieds croisés sous la table, en me disant : « Je vais avoir mon bac avec la bénédiction du Saint-Esprit. » Je ne m'autorise même pas à lui expliquer que ma transplantation est récente. J'aurais l'air de chercher une excuse. Au fond, si elle pense ça de moi, ça la regarde. Je ne discuterai pas de mes difficultés de santé avec quelqu'un qui me balance « mon ami n'a pas eu cette chance ». J'écoperai de 10, pas un point de plus.

Je remballe mes affaires. Elle ne fera pas de cadeau. Je passe à la philosophie avec un professeur à l'air plus sympathique, souriant

« Tu en fais une tête ! Qu'est-ce qu'il y a ?

— J'ai eu quelques problèmes en littérature et, à mon avis, je n'aurai pas de points en plus.

— Il t'en manque combien ?

— Une dizaine.

— Ce n'est rien, c'est facile à rattraper. »

Je le regarde, l'air pas convaincu.

« Mais si ! Tu veux passer quoi ?

— Descartes, *Les Passions de l'âme.* »

Il choisit un article dans le bouquin. Chacun portant sur un sujet différent : égoïsme, générosité, paresse, etc.

« Article 1 ? »

Je fais la moue. L'égoïsme, j'ai du mal à développer.

« Tu préfères quoi ?

— La générosité. »

Il acquiesce. J'ai un quart d'heure pour préparer mon laïus, et je me lance. Je parle pendant vingt minutes.

Que dit Descartes de quelqu'un de généreux ?

D'abord quelqu'un qui ne se qualifie pas lui-même de généreux fait passer les autres avant lui, voit le bien partout, veut faire le bien partout. Je développe facilement le thème, je m'en souviens très bien.

La générosité, je viens d'en faire l'expérience, d'ailleurs. Il n'y a pas que le don de soi, il y a le don de la vie. Le don d'organe. Descartes ne pouvait évidemment pas le développer, en son temps. Mais si l'on y songe bien, être encore généreux après sa mort, redonner la vie à d'autres puisque c'est maintenant possible, c'est le summum de la générosité, d'autant plus que le don reste anonyme. Je pourrais songer au donneur, à lui ou à elle, ou à sa famille, grâce à qui je suis là, survivante à vingt ans et capable de passer ce bac que j'attendais avec tant d'espoir alors que j'étais mourante. Mais je planche sur Descartes et la générosité dans la philosophie de son temps. Universelle.

Le professeur est sympa, même s'il faut aussi reconnaître que je connais bien mon sujet.

« Il te manque combien déjà ?

— Une dizaine de points.

— D'accord. Mademoiselle, bonne fin de journée, bonne chance pour la suite. »

Il me mettra 14. J'avais 9 à la base. Donc 5 points de plus au coefficient 7. Là, je me dis : « C'est bon, avec les bonnes appréciations de mon dossier, j'ai mon bac. » Je devrais l'avoir… Oui, mais on ne sait jamais… Car, bien entendu, ni la petite dame « tu as de la chance » ni le prof de philo sympa n'ont révélé les notes.

Je cogite jusqu'à 6 heures. Délibération. Affichage des résultats, je cherche mon nom, je lis : « Admise. »

Je fais un tour et je reviens mettre le nez sur la liste : « Admise. » Je refais un tour pour être sûre, comme si mon nom allait s'effacer de la liste… Je reviens, je suis toujours « admise ».

C'est bien moi. C'est fou, j'ai enfin mon bac !

Au fond, ne pas l'avoir m'aurait presque arrangée. Je retournais dans un cadre familier, mon lycée, que je connais comme ma poche. Alors que réussir, c'est l'inconnu. C'est ne pas savoir où aller. En fac, bien sûr, mais laquelle, et pour faire quoi ?

Je voulais tellement l'avoir, ce bac. Pour moi, c'était une frontière à franchir. De l'autre côté commence la vie adulte. Alors m'y voilà. Je fais mon premier pas d'adulte avec mon bac en poche.

J'appelle maman :

« Je l'ai eu, maman, je l'ai eu ! »

On a beau vouloir être adulte, on a besoin d'appeler sa mère dans ces cas-là !

Sur le chemin du retour, avec mon beau-père, nous discutons de mon avenir. Finalement, je ferai tranquillement, non loin de chez moi, une année universitaire en langues. Je suis douée, et une année de langues, ce n'est jamais perdu. À la rentrée 2007, si tout va bien – et tout ira bien –, je serai plus autonome, je pourrai « m'expatrier » un peu loin de chez moi, en IUT de droit. À défaut d'être commissaire de police, je choisirai probablement de devenir juge pour enfants.

Tant d'enfants ont besoin de justice.

Mon cœur a encore quelque chose à vous dire

J'ai réfléchi. Il est vrai que j'ai eu de la chance.

J'appartiens à ce tiers des patients en attente de greffe qui ont reçu un don d'organe en 2006.

Il y a douze mille quatre cents personnes en attente de greffe cette année-là, mais nombre d'entre elles sont décédées depuis, faute de greffon, et d'autres attendent parfois depuis longtemps déjà.

Je suis doublement survivante, car je n'ai attendu cette transplantation qu'une seule nuit.

Une seule nuit sans cœur. La chance d'arriver à temps à l'hôpital, la chance d'être la première sur la liste des receveurs. La chance qu'un donneur compatible soit là.

Je me suis même posé la question : pourquoi moi ? J'avais l'impression de survivre à une catastrophe qui en laissait périr tant d'autres. Je sais que dans mon cas, il aurait été difficile de différer : ma survie était en jeu à très court terme. D'autres peuvent résister un peu plus longtemps, mais j'imagine leur attente, et les conditions de celle-ci. Ils sont chez eux, angoissés, malades, suspendus au coup de téléphone salvateur qui leur dira, parfois à la dernière minute : « Venez, c'est pour aujourd'hui. »

On ne parle pas d'eux, ils sont côté ombre, alors que je me suis retrouvée brusquement dans la lumière. Tous ceux qui attendent des greffes de rein, de foie, de cœur, de poumon, de pancréas, ne crient pas leur souffrance – on ne les voit pas, on ne les entend pas. Ce sont des maladies silencieuses, des gens silencieux que seuls les professionnels des hôpitaux et des services de recherche connaissent. Ils en ont non seulement la charge physique, mais aussi la charge psychologique, car c'est la mort qui attend beaucoup d'entre eux. Et pour d'autres, des conditions de vie si difficiles.

Qui se penche sur ce problème, à part la médecine et la famille ?

Les gens prennent conscience du problème du don d'organe quand on en parle dans les médias une semaine par an. En 2007, ce sera durant la semaine du 22 juin. J'espère participer à cette action de sensibilisation. Pour rester optimiste, il y a les chiffres : vingt-trois prélèvements par million d'habitants en France, et quatre mille quatre cent vingt-six greffes réalisées en 2006. On me dit que c'est une augmentation de 38 % par rapport à l'an 2000. Mais ce n'est pas encore suffisant. L'Espagne fait mieux que nous. L'Europe du Nord fait mieux que nous. Et tous les ans, le nombre de malades inscrits en liste d'attente grimpe plus haut que la Bourse ou le CAC 40.

En 2006, 4 % d'inscrits en plus. Le décalage reste important entre les possibilités de prélèvement et les besoins. La pénurie persiste. Alors, avec mes petits moyens, j'essaie d'apporter mon cœur à l'édifice. J'ai eu cette année la chance de participer à des réunions de sensibilisation de jeunes de collège et de lycée. Nous sommes un petit groupe de joyeux transplantés – cœur, foie ou rein, nous avons des expériences différentes. Nous travaillons avec des cassettes vidéo, selon l'âge de l'assistance. Pour les plus grands, les images expliquent la technique depuis le constat de mort encéphalique d'un donneur potentiel jusqu'au prélèvement d'organe. Pour les plus jeunes, il s'agit d'un reportage réalisé auprès d'enfants de six à dix ans en dialyse et parlant de leur greffe future comme d'une libération, le cadeau qu'ils attendent avec espoir pour vivre comme les autres. Après le visionnage, nous répondons aux questions qu'ils se posent. Nous sommes accompagnés, bien sûr, d'une infirmière et d'un médecin. Dans ma région, c'est un spécialiste de la greffe de cornée.

J'ai remarqué que les questions sont très souvent d'ordre technique. Mais il est important de faire réfléchir à la question du don d'organe. L'équipe médicale qui rencontre la famille d'un défunt à l'hôpital, lui demande si le défunt, de son vivant, était favorable ou opposé à ce don. Si la famille ne le sait pas, elle porte alors la responsabilité, lourde sur le plan émotionnel, de prendre la décision en son nom. Et j'insiste sur le fait que même si le défunt s'est engagé et qu'il a sa carte de donneur, la famille n'est pas forcément au courant, et peut donc s'opposer au prélèvement. Chaque année, durant une semaine, l'Agence de la biomédecine rappelle les conditions dans lesquelles le prélèvement est possible. Cette agence, née d'une loi de 2004, est la seule en Europe qui rassemble le prélèvement d'organe et la greffe, la procréation, l'embryologie et la génétique humaine. Sa proximité avec les équipes médicales et les malades lui permet de veiller au respect de la sécurité et de la qualité, de l'anticipation, de l'éthique et de la transparence.

C'est elle qui gère notamment le registre national des volontaires au don de moelle osseuse, et les fichiers nécessaires au suivi des activités thérapeutiques relevant de sa compétence. Elle est également chargée de promouvoir le don d'organes, de tissus, de cellules et de gamètes. Il existe, bien entendu, des associations locales en France qui prennent le relais.

Cette réflexion sur le don d'organe ramène chacun de nous à l'idée de mort. C'est un sujet souvent très difficile à aborder. Il fait peur. Il y a aussi certaines religions qui interdisent à leurs fidèles de toucher au corps du défunt.

Il s'agit donc d'une décision existentielle.

Je sais que parmi les jeunes, une énorme majorité est pour. Les idées reçues freinent les plus âgés. Il faut leur dire que tout se passe dans le respect et la dignité. Il faut leur dire surtout qu'un seul être disparu peut en sauver quatre. Quatre vies ! Car le don d'organe est un don de vie, un cadeau exceptionnel comme il n'en existe pas d'autre au monde.

Il faut leur dire enfin que la greffe concerne chacun d'entre nous. Qui peut prévoir qu'il n'en aura pas besoin, un jour, pour lui ou l'un de ses proches ? Rédiger son testament ne fait pas mourir ! Donner, c'est faire preuve de générosité. Je comprends que la décision appartienne à chacun et qu'il faille la respecter. Mais y réfléchir, faire connaître sa position, qu'elle soit positive ou négative, est très important. Ne pas laisser une famille désemparée devant une telle décision à un moment difficile. Et ne pas croire que le corps d'un être cher va être « découpé ». C'est une réaction qui n'a pas de réalité. On ne décortique pas. On prélève, et le corps est rendu dans son état de mort encéphalique.

Un père de famille m'a dit un jour :

« Je ne pourrai jamais dire oui pour que l'on prenne les organes de mon enfant, c'est horrible d'imaginer qu'on décortique mon gosse alors qu'il vient de mourir.

— Oui, mais inversez la situation. Si votre fils avait besoin d'un cœur, d'un rein, d'un foie pour survivre, ça ne vous dérangerait pas que l'on "décortique" quelqu'un d'autre, comme vous dites ! Si les parents de mon donneur n'avaient pas dit "d'accord, notre enfant va sauver une vie, il était généreux, il l'aurait voulu", je ne serais pas là à vous parler. »

Le fait de prélever un rein fait-il que l'on enterre quelqu'un différemment ?

Cela n'empêche pas d'aller au paradis, si l'on y croit. Au contraire, on l'atteint plus vite, à mon avis, en ayant sauvé une vie.

J'ai remarqué aussi que ce qui fait peur est la crainte de ne pas être réellement mort. Et si je me réveillais ? Qu'on m'arrache le cœur alors que je suis encore vivant ?

La mort encéphalique est difficile à accepter. Le cerveau est mort, il n'y a plus que des machines pour maintenir les organes. Et certaines personnes imaginent que la vie peut resurgir parce que le corps est encore irrigué.

Quand l'électroencéphalogramme est plat, c'est fini. On garde quelqu'un au maximum huit à dix heures, pour préserver les organes au cas où un prélèvement serait possible, avant de le débrancher complètement.

Ce sont là des idées d'un autre âge, du temps où le médecin guettait le dernier souffle avec un miroir sous le nez du mourant. Au temps où la science n'avait pas les moyens fantastiques dont elle dispose aujourd'hui. C'est donc souvent l'ignorance qu'il faut éclairer.

J'ai rencontré un professeur de l'Éducation nationale qui m'a dit :

« Mon enfant est décédé d'un accident vasculaire cérébral, je n'ai pas voulu qu'on prenne ses organes, parce que je croyais qu'il allait se réveiller. Mais quand je vois que tu as été sauvée, je regrette cette décision. J'aurais dû accepter les prélèvements. Mais il était encore chaud, donnait l'impression qu'il était vivant, parce que le cœur battait… Je ne pouvais pas, je n'acceptais pas la mort de mon enfant, je me disais qu'il allait se réveiller. Et quand je te vois, je regrette tellement ! Je suis désolé. »

Le refus des familles repose sur l'affectif et l'émotionnel : c'est *mon* fils, c'est *ma* fille, c'est *ma* sœur, c'est *mon* frère. Raisonner logiquement leur est très difficile au moment du décès. Voilà pourquoi prendre sa carte de donneur, et surtout avertir sa famille, est important. Car la carte ne suffit pas pour pouvoir donner. Les morts encéphaliques représentent 0,32 % des décès et, dans certains cas de décès par accident, il est malheureusement trop tard pour préserver parfaitement les organes.

Les personnes qui refusent ignorent qu'elles ont trois fois plus de chances au cours de leur vie d'être receveurs que donneurs dans les statistiques. Car ça arrive vite. Ma maladie était d'origine génétique, les médecins avaient prévu la nécessité d'une greffe un jour ou l'autre.

Mais j'ai rencontré des personnes qui, du jour au lendemain, ont dû la subir, alors qu'elles ne s'y attendaient pas.

Nous qui avons reçu, qui avons été transplantés, nous savons, nous aurions envie de donner, alors que nous ne le pourrons peut-être pas dans la majorité des cas. J'ai le cœur d'un autre, je pourrais peut-être moi aussi donner une partie de moi. En tout cas, je suis partante.

C'est une démarche personnelle. Pour ma part, je suis allée sur Internet. J'ai pris ma carte, au cas où l'on trouverait à prélever quelque chose d'utile sur moi. J'ai également créé mon blog, où il est facile de s'inscrire à partir d'un lien. Il faut se renseigner, par exemple sur le site de l'Agence de la biomédecine, dans les associations, dans les infirmeries des lycées, chez le médecin, dans les hôpitaux. Pendant la semaine du don d'organe, des cartes sont à disposition partout en France.

Je connais une petite fille qui, depuis huit ans, subit une dialyse tous les deux jours, branchée sur un rein artificiel. Elle souffre. On ne trouve pas de rein pour elle car c'est compliqué à son âge : il faut que le greffon soit compatible non seulement sur les critères habituels, mais aussi en taille. Elle n'a donc même pas la possibilité de bénéficier d'un don familial, comme c'est parfois le cas. Elle ne peut pas partir en vacances, est limitée à un verre d'eau par jour, ne peut pas manger de fruits dont l'eau la fait gonfler, ni de sel. Son enfance s'est arrêtée. Elle subit et attend un rein.

Devant les arguments « contre », vieux comme le Moyen Âge, nous, les transplantés, nous sommes dit qu'il y avait énormément de travail à faire pour que la générosité prenne le pas sur l'ignorance. Il manque tellement d'organes que les scientifiques tentent de greffer des organes de porc sur des hommes – mais la réussite est limitée.

Trop de gens meurent chaque année. Ne plus pouvoir porter son enfant, ne plus parler, ne plus sourire, avoir même du mal à pleurer faute de souffle. Ma mère m'a dit que mon père était tellement fatigué qu'il ne pouvait même pas me prendre dans ses bras. Le parent est là, l'enfant le regarde, que peut-il faire s'il ne peut pas lui sauter dans les bras ? J'étais ce petit enfant-là.

Alors que j'ai déjà rencontré des familles, à l'hôpital, qui ont eu la chance d'être prises à temps. Une maman d'une cinquantaine d'années a été transplantée. Sa fille d'une vingtaine d'années aussi, un an après. Et le dernier enfant de onze ans, également atteint, le sera à son tour. Chaque fois que je rencontre des transplantés, à l'occasion des contrôles – de plus en plus espacés maintenant –, ils me font du bien, surtout les anciens.

Ceux qui ont vingt ans de greffe arrivent avec un grand sourire, un optimisme rayonnant.

C'est une joie de les voir, ce sont des rayons de soleil. Cette dame transplantée deux fois, si heureuse de vivre, et qu'on lui ait donné deux fois cette chance, m'a dit :

« Tu verras, c'est magique la vie, c'est beau, elle va t'offrir tellement de possibilités... Je suis là, regarde ! On m'a donné deux cœurs, c'est fabuleux ! »

Et ce monsieur transplanté il y a dix ans. Il a souffert, car il a attendu longtemps son cœur. Tellement longtemps qu'il est resté paralysé des jambes.

Et il sourit, malgré cela, toujours plein de bonne humeur. Il a cinquante-cinq ans et lui aussi est un rayon de soleil. Quand on a souffert d'une insuffisance cardiaque, traîné son cœur, parfois de longues années, on ne peut qu'être heureux d'avoir reçu ce cadeau.

C'est retrouver des émotions, renaître. On ne peut voir que le positif : tout est beau, même quand il pleut ! Certains sont étonnés de me voir sourire, déborder de dynamisme et d'envie de croquer la vie. C'est que j'ai fêté ma première année de survivante. Que j'ai passé le cap des angoisses classiques, tout en prenant les précautions nécessaires, qui ne sont d'ailleurs pas si lourdes, et je suis heureuse de vivre. Trop de jeunes de mon âge oublient ce bonheur simple d'être en vie. Simplement en vie...

On m'a posé beaucoup de questions. Du genre : « Qu'est-ce que ça fait de vivre avec le cœur d'un autre ? » Réponse : « On lui dit merci ! »

Je sais que certains greffés du cœur ont un caractère moins battant, et cogitent sur des questions que personnellement je trouve vaines. Comme de se dire que la personne qui a donné un organe est morte, et de se sentir presque coupable de « profiter » de sa mort.

J'ai entendu ce genre de réflexion une fois, alors que j'attendais de passer en biopsie.

« Oui, tu as un cœur, mais l'autre est mort. »

Si cette personne est morte, c'est qu'on ne pouvait plus rien pour elle, ce n'est pas ma faute. Des morts, il y en a toutes les secondes dans le monde, comme des naissances. Je ne suis pas responsable de tous les gens qui décèdent.

Je ne pouvais rien lui dire d'autre à cette personne, mais elle m'a tellement énervée que je suis sortie de la salle d'attente pour me réfugier dans le couloir, et éviter d'être malpolie.

C'est la mort qui pose un problème. Toujours. On tourne autour, que ce soit pour les donneurs ou les receveurs. Elle règne, elle est la maîtresse menaçante qui nous guette. On le sait, elle nous prendra tous un jour. Mais pour l'avoir effleurée d'aussi près, à l'inverse de cette personne, je me sens doublement heureuse.

Finalement, les gens ne changent pas entre l'avant-greffe et l'après, et le cœur n'a rien à voir là-dedans. Moi, je suis la même « en pire ». Je suis deux fois plus active, je rigole deux fois plus, j'ai deux fois plus envie de m'amuser, deux fois plus envie de dormir quand je suis fatiguée, et je prends deux fois plus mon pied à dormir ! Et même à manger, parce que je mange moins, donc je savoure ! J'ai appris le goût des aliments, alors qu'avant j'engloutissais sans réfléchir.

Une de mes amies m'a demandé un jour, peu de temps après mon retour de l'hôpital :

« Est-ce que tu m'aimes comme avant ? »

J'ai éclaté de rire. Elle craignait que mon cœur ne

la reconnaisse plus ? Je voulais bien l'aimer deux fois plus !

Le cœur est un tel symbole imaginaire dans l'esprit populaire que l'amour lui est lié. On voit des petits cœurs partout le jour de la Saint-Valentin, et les expressions ne manquent pas.

« Je t'aime de tout mon cœur. » « J'en ai gros sur le cœur. » « J'ai le cœur brisé. » La liste est si longue que je me contenterai de la plus belle pour moi :

« Merci de tout cœur, donneur, de m'avoir donné ton cœur. »

Il est anonyme, et doit le rester. Sa famille aussi. C'est la loi, et je la trouve indispensable.

J'ai vingt ans, bientôt vingt et un. J'ai souffert, comme certains membres de ma famille, d'une maladie génétique appelée jadis le « cœur sabot » parce que le cœur en grossissant prenait la forme d'un sabot.

On la nomme donc, cette maladie, plus scientifiquement, « cardiomyopathie dilatée ».

C'est une maladie rare, et non une maladie orpheline, puisque des traitements existent, dont la greffe, en phase terminale. Actuellement, et un peu grâce à ma famille malheureusement, les biologistes ont identifié ce gène maléfique programmé pour la mort du cœur à une échéance que l'on ne peut pas déterminer.

Les médecins ne savent toujours pas comment ni pourquoi ce gène est arrivé là. Je le porte toujours, mais il ne peut pas s'attaquer à mon nouveau cœur venu d'ailleurs. J'ai pourtant mis une croix, pour l'instant, sur la possibilité d'avoir un enfant génétique. Le risque de transmettre la maladie est de 50 %, mais je refuse de le prendre. L'adoption est une bien meilleure idée. Je veux être maman depuis toujours. Je ne veux pas un autre moi-même. Si je rencontre un jour l'âme sœur, l'homme avec lequel je pourrai envisager un projet de vie, il devra en être conscient dès le départ.

J'en ai parlé à ma mère, qui a encaissé le choc.

« Si je suis mère célibataire, ne t'inquiète pas. Si tu ne vois pas ta fille en robe blanche, ne t'étonne pas, je ne veux pas forcément me marier, je veux un enfant, c'est tout. »

C'est l'image de mère célibataire qui l'inquiète. Elle voudrait quelqu'un avec moi, pour m'épauler et m'aider. Et moi, je ne veux pas pour l'instant de quelqu'un dans ma vie. Je ne refuse pas de tomber amoureuse, je demande à voir… Le mot « amour » est un mot grave. Dire « je t'aime » à quelqu'un engage en principe pour la vie. Or les jeunes gens de ma génération n'en mesurent pas les conséquences. Ils ont d'ailleurs du mal à le dire eux-mêmes. De nos jours, on « sort » avec quelqu'un. On a un « petit copain » ou une « petite copine ». Du provisoire.

Même si je n'aime pas la solitude, même si j'ai besoin de mes amis et d'être entourée, je pense que le choix d'un homme pour la vie, c'est différent. C'est un engagement total des deux côtés et, si je parvenais un jour à éprouver de la tendresse pour un homme, encore faudrait-il qu'il soit capable d'assumer mon choix. Je ne veux pas obligatoirement un bébé, simplement un enfant malheureux qui a besoin d'une mère. Et j'ai le temps d'y penser.

Les médecins m'ont dit d'attendre, de ne pas m'enfermer dans ce refus d'être enccinte. Dans quelques années, ils trouveront quelque chose. Il existe déjà un test sanguin qui permet de savoir si l'on est ou non porteur du gène. Un jour, peut-être, les biologistes pourront le faire taire à jamais. Ils peuvent déjà tant de choses.

Mais pour l'heure, je ne veux pas mettre un enfant en danger. Je préfère souffrir de ne pas faire d'enfant moi-même que de voir le mien souffrir. Il suffirait qu'il ait un peu moins de volonté que j'en ai eu, et il ne tiendrait pas le coup. Le voir souffrir serait me faire souffrir trois fois plus, parce que je saurais ce qu'il ressent, et ce qui l'attend. Ma mère a vu souffrir mon père, mais moi je sais exactement « comment » il a souffert. C'est une épreuve que l'on ne peut pas imaginer, même en en étant le spectateur direct.

Et la suppression de cette souffrance est un bonheur indescriptible.

Ainsi s'achève mon témoignage en cette année de ma nouvelle naissance.

Je souhaite qu'il aide tous ceux qui attendent de renaître à garder l'espoir, c'est mon vœu le plus cher. Et qu'il serve surtout aux autres de réflexion sur l'extraordinaire possibilité qu'ils ont de vivre une seconde vie, enfin heureuse, comme l'est la mienne.

C'est un don prodigieux dont chacun d'entre nous est capable, simplement en prenant une petite carte.

Une petite carte à porter sur son cœur…

Merci.

Aline.
Février 2007.

Table des matières

« Le don d'organes après la mort
est le geste le plus noble,
l'ultime sacrifice au bénéfice
d'un autre souffrant… »

Professeur Jean Dausset
Prix Nobel de Médecine

La carte de donneur vous sert à affirmer
votre choix et à le faire respecter.
Le don est un acte volontaire, bénévole,
anonyme et gratuit.

Demander votre carte de donneur

www.france-adot.org
www.agence-biomedecine.fr

Composé par PCA
à Rezé

Imprimé en Allemagne par
GGP Media GmbH, Pößneck
en mars 2012

POCKET – 12, avenue d'Italie – 75627 Paris Cedex 13

Dépôt légal : avril 2012
S17802/01